AF320857

Dans
l'Inde du Sud

(LE COROMANDEL)

SIXIÈME ÉDITION

PARIS

ALPHONSE LEMERRE, ÉDITEUR

23-33, PASSAGE CHOISEUL, 23-33

M DCCCCVII

Dans l'Inde du Sud

DU MÊME AUTEUR

Le Tournoi de Vauplassans. Roman (couronné par l'Académie française). — Paris, 1895, in-8°. Plon et Nourrit. 3 50

Saint-Cendre (I). Roman. Paris, 1898, in-8°. Fasquelle. . 3 50

Blancador l'Avantageux. Roman. Paris, 1901, in-8°. Fasquelle 3 50

Monsieur de Clérambon (II). Roman. Paris, 1904, in-8°. Fasquelle 3 50

Le Meilleur Parti. Pièce en 4 actes. Paris, 1905. Fasquelle. 2 »

L'Arbre de Science. Roman moderne. Paris, 1906, in-18 jésus. A. Lemerre. 3 50

Récits du Temps passé (couronné par l'Académie française). Tours, 1899, gr. in-4°. Mame.

POUR PARAITRE

Les Trahisons de l'Épée (III). Roman.
Les Propos de M. Gustave. Roman.
La Succession J. Durand. Roman.
Le Carquois... Contes.
Mémoires du Comte Bonhomme. Mœurs contemporaines.

MAURICE MAINDRON

Dans l'Inde du Sud

(LE COROMANDEL)

PARIS

ALPHONSE LEMERRE, ÉDITEUR

23-33, PASSAGE CHOISEUL, 23-33

M DCCCCVII

A Madame Hugo Finaly

Hommage de respectueuse et fidèle amitié

PRÉFACE

Les pages qu'on va lire ont été réunies cinq années après le dernier voyage que j'ai accompli dans l'Inde dravidienne. Les raisons de ce retard se comprendront mieux quand on saura que je n'ai nullement cherché à donner une de ces brillantes transpositions littéraires qui valent seulement par l'impression. Ce genre, très en faveur aujourd'hui, a le très grand inconvénient, à mon sens, de présenter sous la forme d'une vision personnelle ce qui devrait être la peinture sévèrement fidèle des choses vues, avec, à l'appui, des témoignages assez nets pour se critiquer par eux-mêmes et infirmer toutes ces appréciations de fantaisie qui sortent du domaine de la réalité, qu'on doit respecter même et surtout en art, pour se résoudre dans la plus fumeuse des rêveries.

Cette théorie de la transposition, appliquée à des monuments, à des paysages, à des peuples, si elle permet à l'observateur d'étaler sa personnalité et de la grossir à l'excès, entraîne avec soi des inconvénients majeurs. Un des moindres n'est certes pas celui de tromper le lecteur en lui présentant le récit infidèle de faits que l'on n'a point contrôlés, en substituant aux choses positives des êtres de raison. en arrangeant, pour les convenances du sujet, jusqu'aux contours des édifices. jusqu'aux profils des montagnes qui sont cependant les témoins le moins suspects de fausse déclaration.

On a dit que le public se déprenait de plus en plus de la réalité pour porter sa curiosité vers les œuvres d'imagination pure où il se flattait de trouver à point nommé la justification de ses caprices du jour et de ses goûts du moment. On a écrit que ce maître de l'heure, dont les critiques sont les vizirs, ne

souffrait aucun retour vers le passé. On a
avancé d'autres vérités de cette nature. On
nous permettra, peut-être, de ne pas nous
y arrêter présentement. Lorsqu'on parcourt
un pays aussi riche que l'Inde du Sud en
souvenirs d'histoire, ce serait, à mon avis,
grande pitié que de ne pas séjourner devant
ces ruines dont chaque pierre, tel l'antique
Memnon, laisse échapper, pour qui sait
l'entendre, une plainte douce et continue.
Il faut plaindre celui qui ne l'a pas entendue, cette voix des ruines, attestant ce
qu'elles ont vu, au temps de leur force entière, de gloire, de luttes et d'horreurs, avant
que d'entrer dans cet éternel repos qui ne
s'obtient que par l'oubli.

La voix du passé chante encore dans les
vieilles forteresses et les palais déserts du
Carnate, je l'ai entendue dans les plus obscurs réduits comme au sommet des piliers
encore debout parmi les décombres des
temples. Elle m'a dit les morts que firent
les boulets en pierre de l'artillerie des Na-
wabs lorsqu'elle battait les tours crénelées

des enceintes, elle a dénombré pour moi les chevaux de la cavalerie mahratte dont les fers ont laissé leurs empreintes dans les dalles de marbre du vieux Genji. C'est elle encore qui murmurait à mon oreille des mélopées traînantes lorsque je pénétrai dans le harem de Vellore où vécurent cloîtrées jusqu'à leur mort les veuves de Tippou-Sultan.

Ainsi guidé par cette invisible Ariane, j'ai beaucoup vu de ce qu'on ne voit pas d'ordinaire. J'ai froissé entre mes doigts les brindilles du petit pied de Lawsonia où les bégoms « jalouses des yeux de leur gazelle » prenaient le henné dont elles s'ensanglantaient les mains. J'ai dormi à l'ombre des tombeaux des saints musulmans qui gardent encore leurs coupoles de pierre, au milieu des kiosques ajourés dont les débris jalonnent l'ancienne route de Tirnamalé. J'ai parcouru les champs de bataille où les troupes de notre Compagnie des Indes luttèrent pour s'user contre la ténacité et la discipline anglaises, visité la maison de cet admirable Clive qui succomba sous la haine de cette Angleterre même àlaquelle il donna l'Inde. J'ai scruté les archives de Pondi- chéry et trouvé, dans les liasses ravagées par les termites, les procès-verbaux de ces séances du Conseil où une poignée de trai- tants lâches et cupides, ennemis de « la ma- nière forte », refusait au malheureux Lally les moyens matériels de résister aux Anglais. Partout j'ai fait le possible pour examiner et apprendre.

Ainsi j'ai revu plus d'un de ces pays où je passai, il y a aujourd'hui un quart de siècle, des années de mon insoucieuse jeu- nesse. J'y ai goûté cette joie rare et curieuse des impressions rendues nouvelles par l'ex- périence et la méthode qui aident à com- prendre, tant il est vrai que, suivant la connaissance qu'on en détient, les choses prennent une physionomie différente. Et c'est pourquoi j'ai tenu à revoir, après vingt années consacrées aux voyages et à l'étude, cette Inde du Sud où Paul Masson, celui de mes amis morts que j'honorai au-dessus de

a.

tous, ouvrit mon esprit aux choses de l'histoire et de l'art que je n'ai plus cessé d'ai-
mer.

Je ne sais si je m'en forme une idée juste
en soi, si je n'en devrais pas tirer une signification plus haute. L'amour singulier que
je porte aux temps passés est peut-être trop
exclusif pour m'inspirer, vis-à-vis du présent, un sentiment autre qu'une indifférente
équité. Certains m'accuseront de nourrir à
l'égard des civilisations sensuelles de l'Inde
la plus coupable des faiblesses. Je leur répondrai : de même que nous ne méritons
pas toutes nos actions, nous ne méritons
point tous nos concepts. Ils sont en nous
par ce qu'ils sont, comme nos dispositions
physiques, et souvent bien malgré nous.
Mais ce serait chercher des excuses où il
n'en faut pas. Tous ceux qui ont étudié l'art
indien, qui ont parcouru la terre indienne,
dans le seul but d'étudier et de comprendre,
en sont revenus troublés.

Je n'ai pas évité ces perplexités singu-
lières. Mais que ce soit par excès de rigueur

ou prudence, je n'ai pas cette prétention de dévoiler, comme certains l'ont tenté, les arcanes de la grande péninsule. Si j'en ai traversé plus d'une contrée, et cela à maintes reprises, ç'a toujours été en archéologue et en naturaliste. L'un et l'autre doivent observer, voir les choses de près, si possible, les rapporter fidèlement et ne pas se payer de mots. C'est ce que j'ai tenté de faire, sans prétendre y avoir en tout réussi. Tout comme Hérodote, père commun des voyageurs, j'ai entendu conter beaucoup de fables. Je n'en citerai que peu, de peur de m'égarer dans un labyrinthe d'affirmations contradictoires et toutes également croyables. La meilleure partie des contes que j'avais recueillis sur place n'a pas résisté à l'examen critique auquel je les soumis après mon retour. Il y a, d'ailleurs, dans la plupart de ces antinomies, une certitude consolante qui est leur incertitude même. Le propre des peuples essentiellement religieux — et les Indiens sont, on peut l'affirmer, le plus religieux des peuples — est de tout ignorer des principes fondamentaux de leur religion, et d'en déformer, de bonne foi, les détails. Aussi bien les savants paraissent-ils s'être décidés à étudier la théogonie indienne hors de l'Inde elle-même, à moins qu'ils n'appartiennent à cette catégorie d'esprits à la fois ingénus et curieux qui se complaisent à interroger sur place les « pandits » et autres imposteurs de bazar tenant boutique de révélations conformes au désir des étrangers.

Le lecteur ne trouvera donc rien sur les thaumaturges et la magie, sur les mystères « hiératiques », dans les pages qui suivent. Il y trouvera, par contre, des renseignements sur la nature des pays parcourus, leur configuration, leurs populations et leurs mœurs, et aussi sur leur flore et leur faune. Les oiseaux du ciel et les bêtes de la terre m'ont toujours arrêté, au moins autant que l'homme lui-même. Obligé de donner, dans ce voyage, une part quasi égale à l'art, à l'archéologie et à l'histoire naturelle, j'ai dû visiter des régions extrêmement différentes au point de vue physique et ethnique. Les hauts sommets des Nilghiris m'ont attiré autant que les plaines basses du Malabar et ses mornes étendues plantées de cocotiers tous semblables. Les déserts arides du Coromandel et leurs collines dénudées, où se perchent les forteresses en ruines, m'ont retenu plusieurs mois. Je n'ai parlé qu'accessoirement de Ceylan où la seule préoccupation zoologique m'arrêta une quinzaine de jours.

Sans les conseils d'amis, tels que M. Albert Sorel, dont la haute compétence et les bons avis m'ont toujours encouragé et soutenu, je ne me serais pas décidé à publier ces notes de voyage, tant je les trouvais incomplètes et « fragmentaires », pour employer l'expression courante. J'aurais obéi à ce scrupule qui me défendit jusquelà d'écrire sur l'Inde et ses régions avoisinantes où j'ai accompli six longs voyages dans un laps de temps qui a vu s'écouler trente ans.

L'accueil favorable que firent à ces pages

les lecteurs de la *Revue des Deux-Mondes*, où elles parurent l'année passée, m'a décidé à livrer au public les renseignements que j'ai recueillis dans l'Inde dravidienne et le Malabar. Ils furent consignés au jour le jour dans des lettres que j'expédiais régulièrement en France à une personne pour moi chère entre toutes et qui furent soigneusement conservées. Ce sont des lettres, pas autre chose. On les a réunies suivant l'ordre logique sans se préoccuper de fabriquer un ouvrage didactique valant par l'unité de composition, de doctrine et de plan.

Quand M. Ferdinand Brunetière me fit le grand honneur de me demander ces lettres pour la *Revue des Deux-Mondes*, mon père d'élection, mon maître chéri José-Maria de Heredia voulut les revoir lui-même avant qu'elles ne parussent. Il en relisait les premières pages lorsque la mort nous l'arracha. J'ai tenté le possible pour qu'elles méritassent son approbation, et je puis dire que le souvenir du grand poète m'a soutenu au cours de ce travail, tout comme s'il eût été encore là pour me témoigner son inlassable bienveillance et sa paternelle amitié.

Je finis de corriger ces épreuves, et le deuil cruel dont je parle s'est augmenté de deux nouveaux. Comme s'il était dans les destinées de ceux qui s'intéressèrent à ces modestes pages de disparaître au moment même où elles allaient leur être offertes sous leur forme définitive, voilà que M. Albert Sorel et M. Ferdinand Brunetière nous ont quittés pour jamais. Que ces morts illustres et vénérés me permettent d'apporter à leur mémoire le tribut de la sincère et respectueuse affection que je n'ai point cessé de professer tant pour leur personne que pour leurs idées.

Paris, 14 décembre 1906.

DANS L'INDE DU SUD

I

CEYLAN : Colombo; Kandy; la faune
de la montagne.

Colombo, 8 mai 1901.

... Colombo. C'est ma seconde étape depuis
le départ de Marseille. Quand on prend la ligne
d'Australie, on ne fait pas relâche à Aden. Voici
la dixième fois que je reprends cette route de
l'Océan indien, et j'y trouve toujours du nouveau, tant les aspects du ciel, de la terre et de
l'eau varient pour qui a le goût de les observer.

Les entours du Canal de Suez se modifient
d'un jour à l'autre sous l'influence de l'homme.
S'il ne peut, à son gré, y faire la pluie et le

beau temps, il est capable de diriger la nature dans, si j'ose dire, la « partie botanique ». La conduite d'eau douce qui longe, depuis quelques années, la rive droite, laisse échapper en bien des points le précieux liquide qui est la vraie manne du désert. A la végétation très humble que j'avais vue, il y a quelque dix ans, égayer de ses taches vertes les sables gris ou fauves, a succédé aujourd'hui une brousse fournie. Que l'eau continue de fuir, on verra, d'ici un demi-siècle, de véritables bois animer ce rivage désolé.

Si lentement que notre paquebot glisse au fil de l'eau, il m'est impossible, même à l'aide de ma forte jumelle, de différencier les essences variées qui s'essayent à pousser dans cette oasis en longueur. Il faudrait l'œil exercé d'un botaniste, et ce n'est pas mon cas. Je crois reconnaître, cependant, ces légumineuses à bois dur qui se propagent avec une si grande rapidité dans tout le désert éthiopien. La plupart de ces acacias, mimosas, dahlbergias, gleditschias sont des espèces importées. Ils font le désespoir de l'entomologiste qui bat en vain leur feuillage vert tendre et leurs rameaux épineux sans voir tomber dans son parapluie un seul insecte indigène. Car les animaux s'importent tout comme les plantes. Depuis qu'il a multiplié les moyens de transport, l'homme est devenu un agent de dispersion à nul autre pareil. De mon bateau, je vois ce que chacun de ces arbres pourrait me fournir. Plus d'une espèce circa-méditerranéenne doit fréquenter dans ces bosquets en miniature. Depuis les eumènes, grandes guêpes solitaires au ventre en alambic, qui voltigent affairées à la recherche des chenilles et des araignées qu'elles entasseront dans les cellules de leur nid maçonné, jusqu'aux lourdes xylocopes noires aux ailes violettes, abeilles charpentières qui fourragent parmi les petites fleurs d'or, c'est autour des acacias un bourdonnement continu. Encore un peu, et je distinguerais, courant sur le sable, les pimélies épineuses, les adesmies bancales, les zophosis qui ont la forme d'une nacelle, les arthrodes globuleux, population nègre, avide, affamée, à l'affût du moindre déchet, pour qui un noyau de datte ou une pelure de pastèque est un festin sans pareil.

À défaut de ces hôtes des solitudes, je me rabats sur les oiseaux. Ceux-là sont perceptibles à l'œil nu, et leur nombre est immense. Entre les infimes passereaux qui se glissent parmi les touffes de roseaux couleur de cendre, les barges, les bécasseaux, et les grands palmipèdes, l'observateur n'a que l'embarras du choix. Les essaims d'oiseaux aquatiques couvrent la surface des lacs : pélicans gris, pélicans blancs frisés de rose, fous, marabouts gigantesques, cigognes blanches et noires, tous sont là en troupes compactes, flottant sur l'eau ou posés sur un seul pied, parmi les bancs. Les flamants roses, rangés par milliers, et aussi hauts que des hommes, simulent les alignements d'une armée.

Quant aux vautours, c'est une bonne distraction que d'observer leurs ébats. Les percnoptères étiques dont la livrée varie suivant le sexe, planent de toutes parts autour de nous ou bien disputent aux chiens des riverains entrailles et têtes de poisson. Vulgairement on appelle poules de Pharaon ces petits vautours (*Neophron percnopterus*) que les Égyptiens tenaient pour divinités solaires. Un grand vautour fauve (*Gyps fulvus*), haut de près d'un mètre attira mon attention. Gravement, il marchait le long du talus déclive. Son dos voûté, sa tête chauve, son allure mélancolique que ne diminuaient point ses pas sautillants, lui donnaient quelque ressemblance avec ces gnomes des solitudes qui gardaient jalousement les trésors enfouis dans les sépulcres des Rois.

Ce vautour, dont les ancêtres tinrent jadis entre leurs serres le disque du soleil, sur le portique des temples, errait dans l'attente d'une aubaine possible. Par la coupée des cuisines tombe souvent à l'eau plus d'une chose mangeable. Peut-être attendait-il aussi une plus importante occasion. Mais la police du Canal, toujours sévèrement observée, interdit absolument d'y jeter les corps morts. L'observance de ce règlement me fut rappelée, le jour même, par un exemple à noter.

Vers cinq heures du soir passa, à nous ranger, la *Medinah,* le vaisseau du Shérif de la Mecque, lourde, noire et silencieuse, comme le Vaisseau Fantôme. Sous sa charge de pèlerins maures et syriens, elle allait, sans qu'on entendît une parole, à faire croire que tous ces hommes, de couleurs et de costumes variés, ne fussent que des ombres. C'est à peine si le commandant turc et son état-major, dressés sur la passerelle, donnèrent signe de vie quand on les salua : rien ne remua dans ce groupe d'hommes vêtus de noir, coiffés de rouge, couturés d'or. Tout passa, jusqu'aux femmes enveloppées dans dans des mousselines blanches et dont les yeux seuls luisaient, entre les voiles opaques, aux fenêtres carrées du château d'arrière. Et quand cette apparition brillante eut passé, à son tour, on ne vit plus que la poupe basse et massive, d'où pendait une corde. Au bout, venait un long ballot ficelé qui, tour à tour, saluait et plongeait dans le remous du sillage. Ainsi ce sac de toile grossière, tiré à la traîne par la *Medinah* du Shérif, terminait-il la procession, pour montrer, sans doute, la fin nécessaire de toutes choses. C'était le corps d'un pèlerin, lié par les pieds, dans sa rude enveloppe de chanvre, que l'on transportait ainsi hors du Canal où l'on ne doit point laisser ses morts. Sans doute, ce musulman qui remplit son vœu de Hadji en visitant la Mecque, s'était-il laissé mourir ce matin même, au sortir de Suez. Maintenant il dort au fond de la Méditerranée son éternel sommeil, pour le grand préjudice du vautour fauve, victime en la circonstance des édits sanitaires qui protègent la grande voie de transit jadis percée par ses adorateurs, puis obstruée par les conquérants orientaux, enfin rouverte par M. de

Lesseps. Au temps où l'isthme de Suez servait de voie de terre, les vautours ne voyaient point leur attente frustrée.

A mon grand regret, je ne pus observer long-temps mon *Gyps fulvus*. Le paquebot, un ins-tant arrêté, se remit à marcher. Tout s'obscur-cit sous le vent qui chassait le sable, brusque-ment. Nous fûmes pris dans un nuage de poudre roussâtre, et la température, douce jusque-là, devint étouffante. Cela nous présa-geait une mauvaise traversée de Mer Rouge. Il n'en fut rien. Nous eûmes des nuits presque fraîches. Puis dans l'Océan indien la mousson nous prit, nous berça sous des torrents de pluie. Mais quelques éclaircies me valurent de curieux spectacles. Je pus voir, avant d'at-teindre aux Laquedives, une flotte d'argonautes. C'est chose plaisante que ces coquilles pâles s'avançant par rangs, toutes voiles déployées, telle une escadrille de galères. Les légers mol-lusques prennent le vent au moyen de leurs bras véliformes, mais ils ne font que s'en aider. Au vrai, ils progressent à la surface des flots par bonds, d'avant en arrière, en rejetant l'eau par leur entonnoir. Ou bien ils rament au moyen de ces mêmes bras élargis. Vienne le moindre danger, l'argonaute se rétracte, plonge et disparaît. Seules, les femelles sont munies de cette jolie coquille enroulée, symétrique, concentriquement plissée, de la grosseur d'une pomme. Les mâles, longs à peine d'un centimètre, ressemblent à de petits poulpes, ils ne possèdent ni coquille ni bras épanouis en voiles.

Quoique les navires à vapeur effrayent les bêtes de la mer qui s'en tiennent toujours à de grandes distances, j'ai eu la bonne fortune de voir distinctement quelques gros cétacés et deux de ces grands scombres voisins des *Xiphias* ou poissons-épées, dont la mâchoire supérieure est prolongée en une immense pointe. Ces espadons étaient des *Histiophorus*, et on les a ainsi appelés à cause de leur vaste nageoire dorsale qui rappelle une voile triangulaire...

... Le tribut que doit le voyageur arrivé à Colombo ne s'étend pas seulement à cette nuée « d'officieux » qui le pourchassent jusqu'à l'hôtel sous couleur de transporter son bagage, il s'étend aussi aux oiseaux du ciel qui exigent la dîme de son petit déjeuner. Malgré la pluie qui tombe à flots, par rais verticaux, — ce qui me permet de garder ma fenêtre largement ouverte sur la mer, — les corneilles s'occupent de moi. A ce moment même, l'une d'elles envahit ma chambre, et deux autres, perchées sur l'appui de la croisée, l'assistent de leurs hochements de tête. La théière de métal blanc appelle sa convoitise. D'un coup de bec l'oiseau attaque le vase brillant, le renverse, puis il s'échappe à grands coups d'aile, croassant à gorge déployée. Et ses compagnons, sans quitter la place, semblent approuver l'entreprise.

Je reconnais, à ces signes, que je suis sur une terre indienne, et je me réjouis à penser que sur le continent, depuis le zébu qui va quêter de porte en porte la poignée de riz que ne lui refuse jamais la brahmine, jusqu'au singe entelle qui maraude librement au marché, je vivrai dans une promiscuité familière avec les bêtes de la terre. Déjà, voici un petit gecko qui trotte sur ma table. On dirait un lézard jaunâtre, très plat; sa tête est en façon de cœur, ses yeux glauques ont leur pupille fendue, et la peau de sa gorge est si fine qu'on voit dessous palpiter son cœur rose. Attiré par les mouvements de ma plume, l'aimable reptile se hâte dans l'espoir d'un insecte possible. A une poutre du plafond, je reconnais un pélopée acharné à son travail. L'insecte jaune et noir, élancé, dont l'abdomen en poire semble relié à son corselet par un fil, tant son pédoncule est délié, travaille, maçonne, gâche de la terre, construit son nid. Celui-là, au contraire du gecko, est vraiment nuisible, car, en tout pareil aux euménes de Port-Saïd, il donne la chasse aux araignées, les engourdit d'un coup d'aiguillon, puis les empile dans les cellules de son édifice. Ainsi les araignées curarisées seront rongées, sans défense, par les larves du pélopée. Juste revanche des insectes ailés contre l'araignée qui en détruit tant dans sa toile.

Mais les observations à faire sur la faune d'un hôtel de Colombo sont forcément limitées, tant les appartements sont entretenus avec une minutieuse propreté. Je me prends à regretter cet ineffable hôtel parsi de Kurrachi où je descendis jadis. Mal logé, mal couché, mal nourri, peu ou point servi, j'y vivais des jours heureux, parce que j'étais le seul occupant. Le respect humain ne m'interdisait pas de prendre mes repas solitaires dans la plus simple des tenues d'intérieur. Les enfants de l'hôte circulaient sous la table, des papillons nocturnes, des blattes agiles couraient dessus, d'énormes fourmis emportaient les fragments de mie de pain, une chauve-souris poussait des cris perçants en voltigeant autour de la lampe, et un animal, demeuré malheureusement inconnu, lançait de temps à autre un appel pareil au bruit d'une trompette.

Au Galle-Face Hôtel, le luxe m'entoure, me poursuit, m'étreint dans le cercle étroit des nécessités mondaines, jusqu'à me forcer d'endosser, chaque soir, le smocking ou l'habit pour dîner aux accords, pour moi sans charmes, d'un orchestre de tziganes. Les brillants luisent sur les épaules nues, les face-à-mains vous observent. On se présente de petite table à petite table. La soirée se continue par des concerts et des tours de valse. Mon séjour au Galle-Face Hôtel sera bref. Cette continuation de la vie métropolitaine à travers l'espace me déplaît comme tout ce qui n'est pas à sa place. La semaine ne s'écoulera pas que je ne parte pour Kandy.

Mon séjour à Colombo sera très court. La pluie d'hier ne fut qu'un accident. La saison sèche n'est en rien favorable à mes travaux de naturaliste.

La différence essentielle entre le naturaliste

voyageur et le touriste est dans ce que le premier doit rapporter des objets, tandis que le second n'est tenu, en somme, qu'à rapporter des impressions d'autant plus vagues qu'elles sont plus personnelles, ou même à ne rapporter rien du tout, s'il le juge bon.

Le système de voyage devient donc pour eux radicalement différent. L'un doit avoir un bagage énorme, un domestique considérable, un matériel de campement. L'autre s'en va, une simple valise à la main, de Marseille à Darjeeling par les étapes indiquées. Il connaîtra Agra, dont le Taj fut bâti par des Italiens dirigés par un Français, Delhi où se dresse le pilier du roi Dhava, Bénarès cher aux amateurs de foules, Luknow, Djeypour, d'autres villes encore que je ne verrai jamais, pour ma part... Le touriste vole comme l'oiseau, le savant marche lourdement, comme la tortue, et le poids de son bagage va toujours s'augmentant, tant les plus petits animaux, convenablement emballés, arrivent à occuper de place. En outre, comme voyageur, il ne visite guère que les endroits déserts et sauvages qui rebutent la majorité des gens. Les routes battues ne sont pas les siennes : s'il en profite, c'est pour gagner plus vite les solitudes, les broussailles, les marais et les friches.

Mais si je me propose de visiter Kandy en simple touriste, vous pensez bien que je ne négligerai pas la petite zoologie. Je n'ai gardé avec moi que le nécessaire, mon matériel est réduit à l'indispensable. Toute mon encombrante installation de laboratoire s'en va, par mer, vers Pondichéry. Tout, jusqu'à la moindre fiole, a été, comme vous le savez, empaqueté de nos mains. Soyons tranquilles. La brutalité classique des transbordements de Colombo ne m'effraye point. Je suis sûr de trouver tout en bon état à Pondichéry. Une valise, une cantine contenant le petit matériel entomologique, mon ombrelle à manche brisé, ma trique fidèle jadis achetée à un Somali et avec laquelle je bats depuis huit ans les arbres de l'Éthiopie, de l'Arabie et du Sind, un filet à papillons non moins éprouvé et qui, pareil au couteau de Jannot, a vu changer trois fois son cercle, deux fois son manche, et vingt fois sa poche, voilà qui est suffisant pour un court séjour dans l'antique Taprobane. J'attends des merveilles en cicindèles des montagnes de Ceylan !

Colombo, 12 mai 1901.

... Vous dirai-je qu'à Colombo même, les résultats de mes excursions entomologiques ont été au-dessous de mon attente, si modeste fût-elle? Cette jolie ville qui étend tout le long d'une plage sablonneuse, bordée de quais, ses pelouses de gazon et ses maisons noyées dans des amas de verdure, est aussi bien tenue que notre avenue du Bois de Boulogne. De légères palissades enclosent des parcs, des prairies rases, où broutent paisiblement les buffles gris de fer, ancêtres de ceux qui pâturent dans la campagne romaine, les plaines du Danube et la vallée du Nil. Et, comme le Bois de Boulogne, Colombo possède aussi son lac. Découpé en étoile, il enserre des îles en miniature où des arbres d'essences variées mêlent harmonieusement leurs feuillages. C'est une nature sagement agreste, émondée et sarclée. Pas un cottage des rives qui n'ait ses ombrages de cocotiers, de manguiers, de hauts bambous en buissons, de flamboyants aux fleurs pourprées. Le ciel est bleu, la terre est rouge. La latérite qui compose le sol se détrempe sous la pluie en une boue orangée qui colle aux roues des chars. Les murs blancs des maisons réfléchissent les rayons du soleil. Tout vibre, luit, scintille dans ce tableau aux tons tranchés, cru, criard, éclatant, à faire penser aux toiles des impressionnistes et au plumage des toucans.

À mesure que j'avance, je me sens mieux en terre indienne. Les petites maisons basses s'alignent avec leurs boutiques en échoppes. Les étalages de fruits, de graines, abrités sous des auvents en feuilles de palmier, abondent en essaims de mouches. Les corneilles noires sautillent jusque sous les pieds des gens et des bêtes, s'essayent à marauder dans les ruelles d'un bazar à demi enfoui sous la verdure. Les aigles pêcheurs marrons, à tête blanche, incarnation du génie Garouda qui sert de monture à Vishnou, planent au-dessus des palmes. Les petits bœufs zébus, blancs ou chamois, trottinent deux par deux sous le joug des étroites charrettes que recouvre une natte voûtée en façon de berceau. Leurs cornes sont arquées suivant le galbe des lyres, leur museau fin que traverse un anneau de fer, leur fanon mince à contour circonflexe, sont bien ceux de cette vache Hathor adorée par les vieux Égyptiens et qui venait de l'Inde. Leur front disparaît sous des bandeaux en perles bleues. Les essieux crient, les roues grincent, les bouviers excitent leur attelage de la voix. Partout il faut se garer, sur cette chaussée sans trottoirs où l'indigène a depuis longtemps perdu la coutume de se ranger devant l'homme blanc.

La foule se fait plus dense. L'attention dont je suis l'objet n'a rien de bienveillant. On n'est pas habitué à voir les Européens sortir à pied. Je m'étais arrêté devant une petite statue d'albâtre, un bodhisatva qu'un bonze exposait en plein vent, sur une chaise houssée de dentelles, afin de recueillir des offrandes. Cette image, d'un joli travail, soigneusement polie, avec ses draperies peintes et dorées, m'apparut là comme une figure amie. J'y reconnaissais ce travail de Delhi ou d'Agra, où l'on excelle à travailler le marbre, à le rehausser discrètement de couleurs vives et d'or, peut-être d'après la tradition grecque, et surtout depuis que les Italiens, appelés au xviie siècle par les empereurs Mogols, familiarisèrent les Hindous avec cette technique du marbre qu'ils connurent pratiquement mieux que personne.

Mais ce peuple d'hommes bronzés, portant chignon et dont la figure et l'allure sont celles de filles, m'observe, m'entoure. J'en suis réduit à m'éloigner. Prenez, si vous voulez, cela pour une boutade, mais Colombo serait le plus charmant des pays si l'on en supprimait les habitants. Toujours ces Cinghalais m'ont déplu, et cela pour des raisons où vous me dispenserez de m'étendre. Je viens de vous laisser entendre la cause première de cette aversion. Au contact des Européens, ils n'ont su qu'augmenter leurs vices. Des Indonésiens, dont ils sont tellement prochains qu'on les peut dire identiques, ils ont les mauvais penchants sans en posséder la réserve. Paresseux, cupides, dissolus, ils se sont faits audacieux et insolents depuis les réformes libérales. Gavroches de l'Asie, il ne leur manque que le courage pour se rendre turbulents. La faute en est à l'Européen passager et aussi à ces trafiquants qui, à chaque exposition universelle, amènent à Paris l'écume de cette plèbe des ports qui travaille, une fois rapatriée, à répandre parmi les Indiens la tradition de mépris pour les habitants des capi-

tales de l'Occident... Mais à quoi bon revenir
là-dessus? Rappeler à nos contemporains que
l'on gouverne les colonies par le prestige, c'est
donner la preuve de l'esprit le plus rétrograde,
lorsque souffle l'esprit nouveau... Laissons les
Cinghalais et intéressons-nous à leur île.

J'ai échappé à cette foule en montant vivement dans une djatka, brouette suspendue sur
de hautes roues et que traîne un coolie. De
celui-là, le principal effort est de faire contre-
poids, entre les brancards, au voyageur assis
dans la chaise. Quand on dépasse les soixante-
dix kilogrammes, et que le coolie est chétif, la
chose ne va pas sans ennuis. Mais on arrive
toujours, et la course ne se paye pas cher. Je
me dirige ainsi vers le musée de Colombo. A défaut de récoltes autour de la ville même, je verrai
ce qu'on y pourrait trouver. Depuis tantôt vingt
ans que je le visitai pour la dernière fois, ce
petit musée a fait de sérieux progrès. Les collections de toutes sortes y abondent : celles d'histoire naturelle sont, en général, bien rangées
et déterminées dans la mesure du possible.
C'est que les conservateurs suivent cette excel-
lente méthode, que nos musées commencent
aussi d'adopter, de communiquer leurs collec-

tions aux spécialistes qui veulent bien les étudier. Plus d'une fois j'ai reçu, à Paris, un envoi venant de quelque musée du fin fond de l'Inde, avec prière de déterminer les insectes qui voyageaient ainsi en quête d'un état civil. Malheureusement, le dernier conservateur du musée de Colombo, qui était un bon zoologiste, est mort récemment, et son successeur est en Europe. Je dois donc me contenter de regarder les objets en « simple public ». Cependant, un gardien indigène, qui paraît assez intelligent, m'accompagne, son carnet et son crayon à la main, et prend note de tout ce que je lui signale.

Vous devez comprendre avec quel amour j'ai examiné les cicindélides. De ces coléoptères, j'ai vu là une assez jolie suite. Je reconnais les étiquettes de la main du docteur Walter Horn, le savant entomologiste de Berlin. Mon actif confrère m'a partout devancé. Parcourant les villes et les déserts, gravissant les montagnes, il a chassé les cicindèles sur tout le globe, visité toutes les collections publiques et privées. Après lui, il n'y a plus qu'à glaner. Mais je ne perds pas courage. Dans une des boîtes vitrées, sous mes yeux, s'étalent quelques superbes *Ci-*

cendela discrepans, avec la mention : « Kandy »
et l'indication des mois « Mai à Novembre ».
C'est donc à Kandy que je trouverai la reine
des Cicindèles, encore qu'au commencement
de sa saison. Demain matin, sans faute, je
prendrai le train pour Kandy !

Kandy, 20 mai 1901.

... Je ne vous raconterai pas le voyage de
quelques heures, en chemin de fer, que j'ai
fait pour arriver dans ce petit pays de Kandy,
où je suis installé depuis une semaine. Pour
qui n'a jamais vu les grandes forêts de la Malaisie et de la Nouvelle-Guinée, le trajet entre
Colombo et la montagne de Kandy abonde en
merveilleux spectacles. La « nature tropicale »
y déploie toutes ses richesses. L'expérience me
rend plus sévère. Ce n'est qu'une suite de gentils paysages où les modestes bouquets de bois
alternent avec des fourrés de bambous, des
rizières, des champs cultivés et des friches en-
vahies par la jungle. A mesure qu'on monte

vers le massif central dont les pics d'Adam et de Pedrotallagala sont les points culminants, les aspects se diversifient. Les rivières coupent, par places, les murailles de roches rouges, au loin le pic d'Adam dresse, à plus de deux mille mètres, sa haute cime où le Bouddha laissa l'empreinte de son pied. La silhouette indistincte du pic est perdue dans les nuages, il pleut toujours. Des éléphants, réjouis par l'ondée, se baignent gravement dans l'eau jaunâtre où ils se dressent, immergés jusqu'au ventre, et s'aspergent de leur trompe, comme si la pluie ne leur apportait pas une suffisante fraîcheur.

Lentement, le train poussif continue de monter. Il grimpe à flanc de coteau, s'enlace autour des buttes, tel un serpent, s'arrête devant des gares rustiques où des indigènes s'empressent, chargés de paquets ; l'un d'eux s'introduit dans un wagon avec un matelas roulé, deux fois plus gros que lui. Par endroits, la voie est si étroite qu'on côtoie le vide. Mais on peut se pencher à la portière : le précipice n'a rien d'effrayant, tant ses parois sont tapissées de verdure. D'ailleurs les travaux des ingénieurs anglais ont la réputation de valoir par la solidité. Partout où je suis passé, dans l'Inde, je n'ai rien vu qui contredit cette renommée. Malgré les éboulements dus aux infiltrations, malgré les inondations qui affouillent le sol, descellent les traverses, suspendent les rails au-dessus de fondrières, le trafic se fait sans interruption. La main d'œuvre n'est point chère ; ce sont des femmes qui transportent la terre, les briques, la chaux, dans des corbeilles. Par files, les modestes canéphores vont et viennent, leur démarche lente indique la pesanteur du fardeau. Un homme cependant les accompagne, chargé seulement d'un petit bâton. Je ne serais pas surpris que cet homme noir à chignon fût payé plus cher que les femmes de somme.

De Kandy même, rien de particulier à citer et qui ne se trouve dans les guides. Tout comme Colombo, la vieille capitale des rois Cinghalais, aujourd'hui devenue simple lieu de plaisance, possède son lac. Il est ombragé de belles rangées d'arbres, entouré par une bonne route en ceinture. Kandy possède aussi de confortables hôtels et jouit d'un excellent climat, grâce à son altitude moyenne qui n'excède pas six cents mètres. Des coteaux boisés l'enserrent de deux côtés, entre eux s'allonge le chemin de Péradényia qui possède le plus beau jardin botanique du monde, si l'on en excepte ceux de Calcutta et de Buitenzorg à Java.

C'est donc entre les coteaux dits « de Lady Horton » et l'établissement botanique de Péra-dényia que j'ai partagé mon temps. Je ne l'ai perdu nulle part. Négligeant le temple peu intéressant de Kandy où est conservée la fameuse dent du Bouddha sous sa coupole d'orfè-vrerie moderne, négligeant ses bonzes impos-teurs qui ignorent tout de leur religion, au dire des orientalistes les plus compétents en la ma-tière, j'ai passé mes matinées et mes journées à courir par les bois qui s'étagent au-dessus du temple et de la résidence du Gouverneur. Bien que la saison fût peu favorable, j'ai été payé de mes peines et mes récoltes ont été fructueuses.

Les coteaux de Lady Horton sont couverts d'une végétation assez dense qui reproduit en miniature celle des forêts de l'intérieur. Les clusiacées, magnoliacées, ébénacées et d'autres essences dressent leurs troncs hauts et grêles le long des chemins et se relient aux buissons par des plantes grimpantes telles que des *Kulada*, *Pathos*, *Freycinetia* et *Medinilla*. Les grands *Dipterocarpus* et des malvacées non moins puissantes forment des voûtes au-dessus d'allées ombreuses où le sol humide, spongieux, manque sous le pied. De chaque feuille des arbustes s'allonge vers vous une petite sangsue verte et brune, à raies jaunes [*Hœmatodipsa zeylanica*], qui s'attache aux vêtements, passe sous eux, se fixe sournoisement à la peau et ne se laisse tomber qu'une fois gorgée de sang. Ces minuscules vampires, semblables à une chenille arpenteuse, entament la peau avec un tel art, qu'on ne sent point leur attaque. La morsure n'est pas douloureuse. Et si le sang ne continuait pas de couler après que la perfide créature vous a quitté, on ne s'apercevrait pas du dommage.

Combien de fois, jadis, dans les forêts de Java et de Sumatra n'ai-je pas été victime de ces sangsues! Aujourd'hui, leur ponction m'est presque agréable, pour me rappeler ces solitudes magnifiques que je ne reverrai jamais plus, pour cette raison surtout que les défrichements du planteur détruisent de jour en jour ces superbes forêts vierges dont les lisières me fournirent tant de remarquables spécimens d'animaux rares et curieux.

Je dis les lisières, car, et vous le savez tout comme moi, dans les forêts vierges, on ne trouve absolument rien. Chacune d'elles est un désert de verdure où manquent et l'air et la lumière, où aucun animal ne peut trouver à vivre. Les troncs abattus par la vieillesse pourrissent lentement, se résolvant en terreau, sans que les larves d'insectes ou les myriopodes concourent à leur dissociation. Ni oiseaux, ni mammifères, ni reptiles, pas une mouche, pas un papillon. En Nouvelle-Guinée, j'ai marché des heures, il m'en souvient, sous des arceaux de verdure, dressés sur des colonnes lisses, droites, hautes de plus de deux cents pieds, et qui ne laissaient point tamiser les rais du soleil. Dans une buée bleuâtre, j'avançais, enfonçant parfois dans l'humus jusqu'à mi-cuisse, y voyant tout juste assez pour suivre le Papou agile qui me montrait le chemin. Autour de nous le silence régnait, plus lourd que la température étouffante; on eût pu entendre tomber les gouttes de sueur qui me perlaient au front. Mais quand on sortait de la forêt obscure, tout vivait, volait, vibrait, pantelait dans l'air léger et la lumière. Les ornithoptères grands comme des oiseaux, les souimangas plus mignons que des papillons, planaient au-dessus des fleurs, et tout au-dessus, à soixante mètres en l'air, dans les branches d'un *Mesua* géant, des mâles de paradisiers croassaient à gorge déployée, dansant, étalant les gerbes jaunes issues de leurs flancs, et les loris bariolés se querellaient dans les lianes.

Certes, ces modestes bois de Ceylan ne me fournissent point aujourd'hui de pareils spectacles. Mais vous me pardonnerez ces souvenirs qui m'assaillent, après vingt-cinq ans, et cela à propos de sangsues. Les buveuses de sang trouvent une proie facile dans le naturaliste qui travaille le plus souvent à genoux, penché sur la terre, débitant au couteau les vieux troncs pourris dont la tannée abrite tout un monde d'êtres fourchus, cornus, armés de scies, de vrilles, de tenailles. L'outil pacifique est souvent remplacé chez ces créatures par l'arme venimeuse. Beaucoup d'entre elles ne se contentent pas d'avoir l'aspect redoutable de cette thélyphone dont la région céphalique porte des bras épineux et dont l'abdomen se prolonge en soie déliée. Les scorpions et les scolopendres sont toujours prêts à accueillir la main imprudente par un coup de leurs cisailles empoisonnées ou une bonne piqûre de leur dard venimeux. Ces articulés malfaisants trouvent dans le terreau, que recouvrent des lambeaux d'écorce, à la fois le vivre et le couvert. Les grosses blattes chagrinées du genre *Panhestia* comptent parmi leurs victimes les plus habituelles. Mais ces coriaces orthoptères échappent souvent à l'ennemi, comme le prouvent les individus mutilés, à pattes tronçonnées, à abdomen entamé, que je vois s'enfoncer, vivement, dans les trous.

Des insectes moins répugnants abondent autour d'un petit étang d'où s'échappe un mince ruisseau perdu sous les plantes aquatiques. A la surface tourbillonnent rapidement, par cercles, des petites troupes d'un gyrin *(Orechtochilus discifer)*. Chaque individu glisse sur l'eau comme un globule de mercure. De belles libellules jaunes ou orangées *(Pantala flava)* rasent les pointes des joncs, tandis qu'une autre, encore plus élégante, avec ses ailes variées de soufre et d'ébène *(Libellula variegata)* voltige autour des arbustes de la rive.

Mais je ne m'arrête là qu'un instant. C'est à la grande cicindèle, à la *Cicindela discrepans*, que j'en ai. Vous dirai-je les heures passées à la chasser? Vous la connaissez bien, la bête agile, habillée de velours et de bronze, avec des taches

couleur de miel, pareilles à des larmes semées
sur le vert sombre de ses élytres. Je puis vous
renseigner sur ses mœurs, aujourd'hui, et c'est
ce que l'on n'avait point encore fait. Plus
légère que les plus fugaces de ses congénères
qui volent sur nos plages ensoleillées ou sur les
sentiers sablonneux de nos bois, l'admirable
insecte fréquente ici dans les allées les plus
obscures, où le soleil ne réussit pas à percer le
dôme épais de feuillage. Ce n'est pas une fantaisie de dire qu'on ne pourrait point lire un
journal en cet endroit. Le sol de ces allées désertes disparaît sous les feuilles sèches. Et dans
la jonchée des feuilles qui crient sous le pied,
voltigent, sautillent, courent divers insectes,
tous de forte taille. D'abord deux hyménop-
tères, deux sphex, l'un couvert de poils argentés, l'autre couvert de poils roux. Ils creusent
la terre avec leurs pattes épineuses et font entendre cette forte stridulation par laquelle tout
fouisseur, digne de ce nom, annonce qu'il se
livre au travail et qu'il désire n'être point dérangé. Ces sphex sont des chasseurs de cri-
quets, sans doute. Mais je ne les ai pas vus rapporter leur proie au nid. Viennent ensuite des
longues mouches carnassières, des asiles, dip-

tères noirs, hérissés de crins rudes, qui cherchent fortune, avec un bourdonnement strident. Enfin, les cicindèles !

Elles sont bien peu nombreuses et volettent en rasant le sol. On voit briller comme un éclair bleuâtre. Et c'est tout : la bête est posée. Si, par cet effort d'attention, que peut obtenir le naturaliste grâce à une longue habitude, on arrive à fixer la place et à poser le filet, au jugé, la difficulté ne fait que commencer. La cicindèle, ainsi emprisonnée sous la gaze, ne monte pas dans la poche. Elle file sous le cercle, s'esquive entre les feuilles mortes, et s'envole avec ce bruit particulier, encore qu'imperceptible, qu'on n'oublie jamais, tant la déconvenue est grande. Le seul souvenir que laisse la fugitive de cette lutte à tâtons, est la forte et tenace odeur de rose et de jasmin qui émane de toutes ces belles espèces indiennes, perles de l'écrin entomologique oriental.

Je ne vous en parlerai pas plus longtemps. Sachez, pour finir, qu'en douze jours de séjour, je n'ai réussi à prendre que trois *Cicindela discrepans*, et que, sur ces trois, une s'est envolée de mon flacon à cyanure, avant que j'aie eu le temps de replacer le bouchon. Ne vous étonnez donc pas de l'amour que portent les entomologistes à ces bestioles aussi fragiles après leur mort qu'elles sont insaisissables de leur vivant.

Avec d'autres espèces, j'ai été un peu plus heureux.

Mais laissons les cicindèles, tant le naturaliste peut observer de choses intéressantes, amusantes, dans les endroits même les plus rebattus, pourvu, toutefois, qu'il ait ses coudées franches et puisse travailler loin du « profane ».

Sous les feuilles sèches, recouvrant de leurs amas roussâtres le pied des arbres, vit tout un peuple de myriopodes, d'araignées, d'insectes. Je vous fais grâce des lépismes et autres thysanoures et de la légion des petits coléoptères qui se tiennent blottis dans les gerçures des écorces ou entre les feuillets des champignons.

Dans les buissons, parmi les rameaux bas des arbres, se cachent des populations de clairons à élytres chevronnées, de charançons pollineux, gris ou vert tendre, argentés ou roses, encore plus brillants que nos *Polydrosus*. Tout cela tombe dans le parapluie, quand on bat le feuillage, avec des longicornes élégants, des chrysomêles métalliques, des cassides plus éclatantes que les pierres précieuses de leur île. Un phasme singulier*, que je ne connais point, m'a, un matin, récompensé de mes peines. Car, à vrai dire, ce n'est pas un métier de fainéant que celui qui consiste à frapper de sa gaule, à tour de bras, pendant des heures, les arbrisseaux et les branches basses des gros arbres, tandis que de la main gauche on tient un parapluie tendu pour recevoir ce qui tombe.

Quant aux papillons, Kandy est, pour les amateurs, une station de premier choix. Aux premières heures du matin, c'est, autour des buissons, un vol de gemmes et d'émaux. Les ornithoptères jaunes et noirs, grands comme des hirondelles *(Ornithoptera Minos)* planent au-dessus des arbres. Plus bas, vole d'une allure incertaine le beau *Papilio Polymnestor* dont les ailes sont éclairées de cendre bleue. Puis c'est toute la cohorte des papillons couleur d'émeraude et de saphir *(Papilio Crino;*

---

* Cet orthoptère appartient au genre *Sipyloidea* et constitue une espèce nouvelle décrite en 1902 par M. Brunner sous le nom de *Sipyloidea bistriatulata.* L'exemplaire type est déposé au Museum d'Histoire naturelle.

Papilio Agamemnon, Papilio Sarpedon) au vol saccadé, coupé de crochets. Ce sont aussi les *Hebomoia* et les *Ixias*, piérides d'un blanc de craie dont le bout des ailes semble garder la lueur du soleil levant. Des *Callosune* plus petites, d'un jaune de soufre, paraissent avoir trempé les leurs à moitié dans du sang. Et un grand papillon noir et blanc, tacheté de carmin, commun de la Perse jusqu'au Bengale (*Papilio Hector*), montre cette poitrine ensanglantée qui le fit ranger jadis par Linné parmi ses « chevaliers troyens ». Dans les endroits humides apparaissent les grandes Hesties (*Hestia Idea*), au vol faible et hésitant; celles-là sont vêtues d'un tulle gris brodé de soie brune. Je n'en finirais pas d'énumérer toutes les créatures légères et gracieuses qui s'empressent, après l'ondée, dans les chemins ensoleillés, autour des touffes de *Lantana*, puis s'enfuient pour chercher pâture sur quelque fleur indigène.

Les *Lantana* sont, en effet, d'importation à Ceylan, comme dans l'Inde. Ils y devinrent rapidement subspontanés. Vous connaissez ces jolies verbénacées buissonnantes dont les fleurs orangées et rouges se groupent en capitules, qui tranchent si heureusement sur le vert luisant de leurs feuilles opposées et de leurs rameaux tétragones. Ces plantes proviennent de l'Amérique tropicale. Aucun insecte cinghalais ne m'a paru les rechercher, à l'exception, peut-être, d'une coccinelle (*Verania discolor*) dont la dispersion géographique considérable semble indiquer une grande facilité à s'accommoder de tous les régimes. Sans doute le petit coléoptère aphidiphage trouve-t-il là quelques pucerons égarés. Mais un hôte assurément beaucoup plus curieux des *Lantana* est une petite araignée (*Sphecotypus taprobanicus*), qui appartient à un groupe exclusivement néo-tropical et qui a, sans doute, été transportée en Asie avec ces végétaux. La ressemblance du *Sphecotypus* avec une fourmi est telle que les meilleurs chasseurs s'y sont souvent trompés. Notre savant ami Eugène Simon découvrit cette araignée, à Kandy même, il y a plusieurs années. J'ai eu la bonne fortune de l'y retrouver.

Mais ce que cet excellent observateur ne put prendre, — et je n'ai pas été plus heureux que lui, — c'est la remarquable mygale (*Pœcilotheria fasciata)* que les Cinghalais nous offrent toujours en vente avec leurs tableaux de papil-

lons et de vulgaires coléoptères. Chose singulière, cette grosse araignée grise et fauve, élégamment variée de brun, a toujours échappé
à l'observation. Latreille qui la décrivit au
commencement du siècle dernier ne savait rien
de ses mœurs. Walckenaër qui en parle, peu
après, sur la foi de Seba et de Percival, ne
s'aperçut pas qu'il confondait cette mygale avec
une grande épeire du genre néphile. Et au
bout de cent ans, nous ne sommes pas plus
avancés. Je ne crois pas qu'un Européen ait
jamais pris la *Pœcilotheria*. J'ai interrogé les
indigènes. Ils m'ont répondu évasivement,
m'ont apporté la bête, et c'est tout ce que j'ai
pu obtenir. Nous croyons que la *Pœcilotheria*
vit dans les cases des indigènes, qu'elle s'y
tient dans les recoins les plus sombres et les
plus humides, d'où elle sort peut-être le soir,
attirée par la lumière, comme cette *Heteropoda
regia*, puissante araignée du groupe des sparas-
sides qui est aujourd'hui à peu près cosmopo-
lite, au moins dans les pays chauds.

Je vous parle des bêtes qui viennent aux
lumières. Le soir, autour du grand réverbère
électrique qui se dresse à dix mètres en l'air
devant le *Queens Hotel*, c'est une fête pour le

naturaliste. La gerbe lumineuse, rabattue par un large abat-jour, inonde le sol sur un espace de trente pas. Les ombres des papillons nocturnes, projetées, tourbillonnent ainsi que des aigles qui mesureraient jusqu'à dix pieds d'envergure. Le spectacle est fantastique. Pour s'emparer de ces sphinx et de ces bombyx, un filet à manche long de neuf mètres ne serait pas de trop, si l'on pouvait le manier. Mais, de temps en temps, un insecte se laisse choir. Alors il convient de se presser, car on trouve là un concurrent dont l'activité peut faire échec à la nôtre. Des musaraignes grises (*Pachyura murina*, variété *minor*) s'avancent sournoisement dans la zone de lumière, trottent vivement, gobent le scarabée ou le capricorne et se perdent dans l'ombre avec leur proie... Un instant de plus, et la musaraigne me privait hier d'un des plus jolis coléoptères aquatiques du monde (*Sandracottus festivus*), dont les élytres sont marquetées comme une écaille de tortue. Je vous le dis en vérité, pour l'entomologiste, Kandy est un merveilleux pays. Mais en dehors des insectes on n'y voit presque rien, peu ou point d'oiseaux, aucun reptile...

Sans doute trouverez-vous que j'abuse un

peu de l'histoire naturelle. Excusez mon ardeur. Voici près de cinq ans que je suis resté
loin de cette faune indienne pour qui je nourris
toujours la même affection. Cette petite excursion de naturaliste est une simple distraction
avant que j'entreprenne dans l'Inde continen-
tale des études plus méthodiques et plus sui-
vies. Aussi bien Ceylan, si l'on ne visite que
Colombo et Kandy, en y passant quelques
jours, ne présente-t-il rien de particulier à l'observateur. On a trop parlé de la beauté de ses
sites, du charme de son climat, de la richesse
de ses plantations, pour que j'entreprenne de
vous en retracer le tableau...

J'ai visité ces jours derniers le Jardin Botanique de Péradényia et son laboratoire d'études.
Les naturalistes anglais m'y ont fait le meilleur
accueil, particulièrement M. Green. Et si je ne
craignais pas de retomber dans la zoologie, je
vous parlerais longuement des intéressantes
études auxquelles ces savants se livrent sur
place, dans l'intérêt des plantations de thé que
tant de parasites ravagent. Nos colonies peuvent
envier à l'Angleterre cette institution des Naturalistes d'État qui rend de si grands services. A
Pondichéry, d'où vous parviendra ma pro-

chaine lettre, je crains de ne rien trouver de
pareil, quoique cette ville possède aussi son jardin colonial. Si je m'en rapporte à ce que j'ai vu
il y a vingt ans, je n'aurai pas à en dire grand
bien...

II

PONDICHÉRY : La pagode de Villenour.

Pondichéry, 29 mai 1901.

La première précaution, pour qui veut voyager dans l'Inde, est d'amasser une réserve de patience. Ici, le temps ne compte point. J'en ai repris l'expérience dès mon départ de Ceylan. Embarqués à huit heures du matin sur le *Dupleix*, des Messageries Maritimes, nous n'avons quitté le port de Colombo qu'à neuf heures du soir : question de marchandises : Les passagers ont attendu leur complet embarquement, puisqu'ils sont, comme celles-ci, des objets de trafic. Si la mer est mauvaise, le navire ne vaut guère mieux. Il a roulé et tangué sans relâche

pendant deux jours et deux nuits. Puis, à Pondichéry, nous avons subi le traditionnel trans-
bordement par chelingues. Seules, ces grosses
barques sans quille sont capables d'affronter les
trois rangs de brisants qui défendent l'accès de
cette côte plate et sablonneuse, où les cocotiers
abondent, uniformément déjetés par le vent du
large.

Si peu variés que soient ces rivages, je ne les
ai pas revus sans plaisir, tant on se sent porté à
essayer de revivre le passé, de retrouver les
témoins familiers de ses années de jeunesse.
Voici, encore au loin, les maisons carrées,
jaunes ou blanches, surmontées de terrasses,
les allées de porchers, les hautes colonnes en
granit sculpté qui se dressent autour du monu-
ment de Dupleix. Voici le petit phare rond, en
manière de tour, avec le pavillon qui pend le
long de sa hampe, dans la lourdeur de l'air, et
la fontaine monumentale, de style jésuite, qui
marque le milieu de la place du Gouvernement.

C'est bien toujours la petite ville qui dort
sous le soleil brûlant. A défaut d'autres signes,
je la reconnaîtrais à sa plage déserte, à ses quais
dégarnis, où quelques coolies faméliques pous-

sent nonchalamment des trucs. Deux charrettes à bœufs dételées dressent leur timon au-
dessus du parapet, où dort le bouvier. Tout,
bêtes et gens, paraît figé dans la morne et in-
souciante apathie de ceux qui ont vu passer
tant de maîtres sans avoir jamais changé. Non,
rien n'est changé dans ce Pondichéry de jadis,
rien, sinon le « Pier », le grand appontement
de fer qu'on a mis plus de vingt ans à construire et qui, enfin terminé, permet aux passagers, tant il s'avance au loin dans la mer, de
débarquer à pied sec. C'est là un grand progrès,
si j'ose dire, de ne plus subir ces insuppor-
tables secousses du ressac par lesquelles il fallait
passer jadis avant que d'aborder la côte de Coromandel à dos d'homme.

Sur le Pier, j'aperçois tout d'abord une
figure amie : Soupou, le vieux Soupou Krichnassamy, scribe retraité de l'ancienne Direction
de l'Intérieur, et propriétaire de « l'Hôtel de
Paris et Londres », Soupou, qui m'hébergea
jadis pendant ma turbulente jeunesse, est, depuis des mois, avisé par ses compatriotes
bureaucrates, de ma prochaine arrivée dans
l'Inde. Aujourd'hui, à l'entendre, la Provi-
dence m'a spécialement envoyé ici pour rame-

ner la fortune dans sa maison… « C'est comme si, Monsieur, je retrouvais mon père! » Dans la bouche d'un Hindou, pareilles figures de rhétorique ne sont pas pour étonner. L'exagération manifeste y est prise pour réalité. Ce serait manquer à la plus élémentaire politesse que de s'abstenir de compliments ronflants.

Quand on se revoit après vingt années d'absence, il est rare que l'on ne se trouve pas un peu changé. Mais Soupou est un mondain : il ne m'a donc point parlé du passé. Lui n'a pas changé. C'est toujours le même petit homme basané, de manières affables, vêtu et coiffé de fin coton blanc. Beaucoup doivent lui envier la savante et parfaite symétrie qui préside aux plis de ses pagnes. La mousseline de son turban est soixante-dix fois repliée, au tour, au fer, pour enserrer jusqu'à mi-hauteur la carre en demi-lune qui fait le caractère de ce bonnet à l'antique. En vérité, c'est bien le Soupou des anciens jours.

Il m'a entraîné vers son hôtel dont le portique à piliers est toujours orné des mêmes gravures représentant des accidents de voyage. Jadis, avec mon défunt ami Paul Masson, ce nous était un plaisir toujours nouveau de les contempler et d'en faire les honneurs aux nouveaux venus. On y voyait, entre autres, des pirates algériens tenant négoce de dames d'Europe surprises à bord d'un bateau. Les pirates et leurs esclaves sont toujours en place, bien que le gouvernement n'ait plus le même intérêt à exciter le sentiment public contre le Dey d'Alger.

Mais ces gravures sont les seuls restes de splendeurs maintenant abolies. L'hôtel de mon ami Soupou, suivant la fortune de notre colonie indienne, est entré en pleine décadence. Et cette décadence est allée s'accentuant depuis que le trafic par navires à voiles, entre les Mascareignes et la côte de Coromandel, est tombé à rien, tué par les *cargo-boats* anglais. Le délabrement de l'Hôtel de Paris et de Londres s'explique par le manque de clients. Ce n'est pas la concurrence qui l'a tué, c'est la stagnation des affaires. Les capitaines aux longs cours composaient le plus clair de sa clientèle. Depuis longtemps, ces gens de mer ont déserté le rivage. Et, par une ironie du sort, il semblerait que plus le Pier s'avançait dans les flots pour accueillir les arrivants, plus le commerce s'en éloignait.

Chargé par les vœux de Soupou Krichnassamy de ramener la fortune dans l'Hôtel de
Paris et de Londres, j'y ai ramené, au moins,
la pratique du balayage, et aussi celle des mous-
tiquaires qui ne soient point percées de trous à
y passer le corps. Seul habitant du lieu, j'y
commande despotiquement à un nombreux
domestique, toujours absent, tant il apporte
d'empressement à prévenir mes ordres. Mes
gens sont trop, je ne puis me faire servir, car
j'ai encore, pour mon usage particulier, une
demi-douzaine de fainéants chargés de fonctions
diverses. Ceux-là sont sous la coupe de mon
« pion » Cheik Iman, qui est ici mon interprète
et mon intendant.

Un pion, vous le savez, est une sorte d'huis-
sier à chaîne que le Gouvernement entretient
pour le service des fonctionnaires. Le Gouverneur de nos Établissements français dans l'Inde,
M. Rodier, m'a obligeamment donné un de ces
pions. Cheick Iman a dernièrement accompa-
gné Pierre Loti; il en reste fier. C'est un homme
de confiance, probe et attentif, d'aspect sévère,
de port majestueux, et dont la barbe noire, en
éventail, recouvre la poitrine aux trois quarts.
Il a des chausses et un turban pourprés, striés

d'or, une tunique blanche, et un baudrier rouge en sautoir, où brille la plaque de cuivre gravé indiquant son état officiel. De celui-ci le premier devoir est d'écarter les fâcheux. Cheick Iman se tient donc en permanence à la porte extérieure. Il ne laisse pénétrer que les gens dont la mine lui revient et dont les intentions lui semblent pures. Il est l'incorruptible gardien. Par lui, je suis séparé du monde, tout comme le Grand Mogol qui ne voyait que par les yeux de ses ministres. La chaleur, déjà intolérable, me confine au fond de mon appartement pendant la plus grande partie du jour. N'arrive jusqu'à moi que qui a su plaire à Cheik Iman. Je ne vois donc personne. Car Soupou, depuis que la fortune a réélu domicile, sous mes espèces, dans son hôtel, ne paraît plus, de peur, sans doute, de la faire s'envoler.

Mais, un certain soir, trompant la surveillance de mes gens à qui tout prétexte est bon pour m'empêcher de sortir, je me suis rendu à la pagode de Villenour, aux fêtes nocturnes de Kochliamballe, épouse de Çiva, à qui ce temple est dédié. Ç'a été un éblouissement. Jamais ces cérémonies magnifiques, puériles et barbares, n'avaient encore produit sur moi un pareil effet.

Par la route large et bonne, sous les grands arbres touffus, telle que je la vis jadis, nous avons roulé une heure durant. Puis nous avons atteint la pagode célèbre. J'ai revu les portiques de granit où s'étagent, en interminables frises, les sculptures compliquées, sensuelles et puissantes, sous les lourdes corniches curvilignes caractéristiques des monuments dravidiens. Du haut en bas des parois, c'est un fourmillement de dieux, d'animaux qui luttent, se dévorent, s'enlacent. Les chevaux de pierre se cabrent au-dessus de nos têtes, leurs cavaliers transpercent des tigres, les hampes des lances ploient sous l'effort. Les déesses brandissent des fleurs, des émouchoirs, des armes. Leurs gorges lourdes se dressent, pointent, semblent palpiter à la lueur indécise des lampes. Toute la façade du temple s'éclaire par instants, quand on attise les pots à feu. Puis elle rentre dans la nuit où brille seule, pareille à une étoile, quelque lampe posée sur le bord d'une fenêtre, tout en haut du gopura.

Mais avant que d'entrer sous le porche principal, il nous faut fendre la foule pressée des fidèles presque nus qui s'écrasent devant les boutiques accrochées, à la façon des végétaux parasites, contre les murailles du temple. La masse pyramidale du gopura surmontant le portail domine cette marée humaine qu'agite un continuel reflux. Notre passage y trace un sillon qui se referme aussitôt. Devant nous les pions de police ouvrent un peu rudement la route. Par moments, je m'emploie à tempérer leur ardeur. Mais personne ne se plaint. Aux bourrades, les femmes opposent des gloussements ou des rires, certaines jurent comme des chattes. Celles-là sont parmi les plus braves. Et le souvenir me revient de cette jeune brahmine aux bras cerclés d'argent, qui m'arrêta un certain soir, en crachant au poitrail de ma monture, lorsque, le fouet de chasse haut, je prétendais obliger un des siens de pousser à la roue de ma charrette embourbée. Où est-elle, maintenant, la brahmine du North Arkat? Peut-être parmi ces vieilles brèche-dents qui oignent de curcuma quelque idole, dans un recoin de portique. Peut-être aussi est-elle morte comme sont mortes en moi les passions violentes de la jeunesse qui vous font haïr par ceux-là dont le sang-froid n'a jamais connu les âpres joies de la domination par la force! Aujourd'hui je trouve que les pions à ceinture noire tapent trop fort. Naguère j'aurais crié pour les exciter à mieux faire...

Nous voici dans la première enceinte. Seule accessible aux profanes, elle regorge de peuple. La multitude paisible, parlant à voix basse, ainsi qu'on le fait à l'Église, piétine ou avance suivant l'occasion, se portant vers l'étang sacré dont les gradins disparaissent sous les rangs pressés des baigneurs. Dans la salle aux mille piliers, les visiteurs venus de loin se reposent, assis par groupes, et soupent de leurs provisions. Des enfants, dont certains paraissent nés d'hier, sont couchés à même la dalle, vautrés sur le ventre, étendus sur le dos, dans la condition naturelle d'une innocente nudité. En voici de tout petits, blottis en société sous un même pagne. Les superbes yeux noirs, éclatants, révèlent seuls la présence de la nichée. Une rumeur qui monte, grossit, se rapproche, fait rentrer les têtes éveillées sous le pagne. Une troupe d'hommes presque nus se rue au son des tambours et d'une trompette dont le propriétaire me coudoie, tant il se hâte en soufflant. C'est une trompe énorme, démesurée, longue de plus de trois mètres; à l'estime, le pavillon évasé de ce cuivre coifferait la tête d'un bœuf. Accourent derrière quelque douze porteurs. Ils manœuvrent lestement un brancard où une idole enguirlandée de fleurs est bercée dans un mouvement de houle. Des coureurs la flanquent avec des lances à feu dont la tête, en façon de cerceau ou de lyre, est habillée d'étoupes flamboyantes. Un petit garçon bondit, tenant à bout de bras un large parasol vermeil pour abriter la tête de la divinité, qui laisse voir le seul bout de son nez doré parmi les fleurs blanches et roses. Et l'apparition passe, se perd dans l'obscurité des vestibules, disparaît dans le sanctuaire.

Suivant la foule, nous nous trouvons bientôt dehors, en pleine grand'rue. Au loin, brille le taureau d'argent, le taureau de Çiva, entouré de lumières, et les sons graves et puissants de la trompette sacrée paraissent sortir de ses flancs, par sa gueule largement ouverte. De sa langue rouge, il caresse son mufle carré. Je veux m'approcher, voir de près la bête merveilleuse. Mais je suis happé au passage par un Hindou qui, lui aussi, fait battre le tambour devant sa boutique close. Sur la devanture de paille tressée règne une banderole de calicot blanc où l'on peut lire en lettres noires, hautes d'un pied, le mot *PHONOGRAPHE*. Force m'est d'entrer, et le barnum tamoul nous fait, à M. S... et à moi, les honneurs de son appareil. Moyennant quelques caches, — c'est-à-dire quelques centimes, — chacun peut s'appliquer les disques sur les oreilles et ouïr des sons variés, depuis les bruits d'une gare où un brahme se met à grand'peine en wagon avec sa femme, jusqu'au discours de M. Loubet aux électeurs de Montélimar. De celui-là les Hindous se montrent particulièrement friands. Ils en écoutent soigneusement le moindre mot, encore qu'ils n'en comprennent point le sens. Car on leur a dit, pour les décider à consommer, que M. Loubet, en personne, lui, le Président, pas un autre, avait parlé de sa bouche sur le cylindre. Puis ce rouleau avait été expédié par ses soins au Coromandel. Le respect absolu que professe l'Hindou pour les pouvoirs établis décuple pour lui l'intérêt de l'audition. Le barnum triomphe. C'est un indigène sans caste, se disant chrétien, qui travaille pendant le jour dans un bureau de l'administration et exerce, le soir, les métiers les plus divers. Sur l'heure, il s'improvise périégète. Nouveau Pausanias, il prétend nous expliquer les dieux et les cérémonies de leur culte. Je l'écoute : chacune de ses paroles est une calembredaine. Sans connaître Lucien, l'homme du phonographe va sur ses brisées. Pour lui, les grandes déesses sont des blanchisseuses, les dieux aux cent bras des cordonniers ou des vachers. Je m'éloigne, laissant le malin de village pérorer dans son cercle de métis. Ses plates parodies finiraient par ternir l'éclat des fêtes de Çiva, dieu de la Force et de la Mort.

Je joins enfin le taureau d'argent. Il va servir de monture au dieu lui-même dont on célèbre la gloire depuis cinq jours et cinq nuits. Chacune d'elles, Çiva aux trois yeux est promené sur un animal différent. Hier ce fut le taureau d'or, avant-hier l'éléphant, ainsi des autres. La bête puissante se dresse sur son socle. Le bois sculpté dont elle est faite disparaît sous un épais revêtement d'argent façonné au marteau, depuis les cornes tournées en cylindres, jusqu'aux sabots soigneusement imités. Un tigre d'or dressé sert de tenon, sous le ventre. Ce taureau, beaucoup plus grand que nature, a coûté fort cher. Son habillement d'argent, refait assez récemment, et offert à la pagode par le fameux Calvé

Souprayachetty, vaut à lui seul cinq mille roupies, soit huit mille francs. Le travail en est beau. Les reliefs des muscles sont théoriquement traités en ornements, en gouttelettes, en larmes, en tores, comme dans les animaux assyriens. D'ailleurs, toutes ces bêtes sacrées sont établies sur des types primitifs et qui ne varient point. Les canons antiques sont toujours scrupuleusement observés. A droite du taureau est un paon en bois sculpté et peint, de teintes vives et tranchées, rutilant, irisé, superbe. Celui-là ne vaut pas le fameux paon d'or fin qui servit de trône au Grand Mogol Shah-Jahan et dont la queue éployée formant dossier était constellée d'émeraudes, de diamants et de saphirs ; il ne vaut pas non plus le paon d'orfèvrerie que les Anglais prirent à Hyder-Ali, le père de Tippou-Saïb, l'usurpateur pillard dont le nom est encore en abomination parmi les Hindous du sud. Quand mon ami Soupou me parle d'Hyder-Ali, on dirait que la peur le tient de voir l'antique tyran du Maïssour apparaître dans son hôtel pour s'emparer de ses meubles.

A gauche du taureau de Çiva, voici une perruche gigantesque, pareillement peinte et sculptée, mais d'un travail assez médiocre. Je la loue cependant par égards pour l'administrateur de la pagode qui nous donne des renseignements sur la fête. C'est un Hindou de caste vellaja qui parle bien le français. Mais ses discours sont confus et il donne aux divinités leurs noms tamouls que j'ai un peu oubliés. Je propose quelques noms du Nord : alors le Vellaja, charmé, me donne toute sa confiance : Les brahmes sont mandés.

Drapés dans des pagnes et des écharpes de fine mousseline blanche qui dégagent l'épaule droite, portant peint sur leur front le trisula çaktiste, emblème de la force reproductrice, les voici qui s'approchent. La teinte claire de leur peau contraste avec celle des Dravidiens noirs qui nous entourent. Le chef des Brahmes est charmé de voir un étranger qui, loin de se moquer du Brahmanisme sectaire, lui témoigne son admiration et son amitié pour une religion dont le sens profond n'exclut point la magnificence du décor. Leurs figures molles, attentives et rusées, s'éclairent. Comment ce Français, mêlé à d'autres curieux d'Europe, ne partage-t-il pas cette gaîté méprisante et protectrice qu'affiche l'Occidental devant les cérémonies des pagodes? Aussitôt nous glorifions de concert les Divinités pouraniques, tout d'abord : Parvati, l'épouse, la Çakti de Çiva, la belle Déesse qui chevauche une perruche. C'est elle que l'on honore plus particulièrement en cette nuit sous son nom local de Kochliamballe. Puis c'est Soubramanyé, second fils de Çiva, Ganéça ou Poulléar étant l'aîné, Soubramanyé, le Mars Hindou, celui qui porte un coq sur sa bannière. Dans le Nord, Soubramanyé est plus ordinairement appelé Kartikeya ou Skanda, parfois Kandassamy. C'est donc bien le père, la mère et le fils qui s'avancent du fond du village dans un grand halo de lumière rouge. Çiva, Parvati, Soubramanyé, dressés sur des brancards, portés à épaules d'hommes, oscillent lentement au-dessus des têtes ; chacun d'eux est abrité sous un immense parasol, écarlate et blanc. Au milieu des cris de joie, les porteurs vont et viennent, le désordre est à son comble ; les brahmes s'interpellent ; un moment on a perdu les dieux de vue ; ils s'éloignaient dans une fausse direction, par un méandre de ruelles, dans la nuit. Enfin ils reviennent sous leurs guirlandes de roses et de jasmins. On dresse Çiva sur son taureau, Parvati sur sa perruche, Soubramanyé sur son paon. Chacune de ces

idoles n'a guère plus de deux pieds de haut.
Elles sont de cuivre doré en plein : La déesse et
les dieux debout sur leur socle, sous une double
arcature festonnée, ajourée, dentelée, Soubramanyé flanqué de deux petites figures de
femmes. Je salue ses deux épouses, Vélyam-
minn et Déivanch, filles de Vishnou, vêtues
chacune d'une longue robe en velours noir
qui va du menton aux pieds. Telles ces ma-
dones hispano-napolitaines que l'on habillait
comme des poupées pour les montres et les
processions.

Une fois dressées sur le panneau qui complète la selle de leurs bêtes, les divinités s'a-
vancent de front. Des corvées de soixante
hommes ont enlevé le tout sur leurs épaules et
les brancards s'avancent au-dessus de la foule,
à la lueur des torches qui se multiplient à
chaque pas. Les lampadophores sont des enfants ou des jeunes garçons, peu d'hommes
faits. D'autres apportent des petits vases pleins
d'huile de coco, y puisent à pleine main et ré-
pandent le liquide sur les torches qui s'inclinent
vers eux. Une femme suit, avec, sur sa tête,
une panelle de cuivre non moins évasée que
ses hanches, et qui les égale en ampleur. Celle-

là aussi est une porteuse d'huile, et son torse
de bronze, luisant aux feux des flambeaux, em-
prunte ses reflets aux tons sanglants de ses
pagnes et de son court corset en brassière. Elle
se perd dans le cortège qui côtoie la pagode. A
droite, à gauche, des lumières volent rapidement, escortant la fuite d'un parasol sous lequel
une petite divinité passe, légère ainsi qu'un
oiseau d'or. Chacune représente un gardien,
un pion à massue qui mène surveillance autour
du temple, autour des dieux, tant les mauvais
génies sont subtils, toujours prêts à nuire, si
on ne s'occupe de les écarter.

Les trois idoles, toujours de front, se rapprochent du char où on va les déposer pour
qu'elles parcourent sept fois la grande rue avant
de commencer le tour de la pagode. La foule
est si pressée qu'elle figure les flots d'une mer
houleuse où flotteraient les images des dieux.
Les tambours battent, la trompette géante mugit, et le grand taureau luit en éclairs d'argent
avec son fardeau divin emmailloté de fleurs. Des
montants du char dévalent en cascades les guirlandes de jasmin. Rappelant un démesuré lit à
colonnes, ce char large de huit mètres en a six
de hauteur. Et comme les roues sont disposées

sur les petits côtés qui n'excèdent pas quatre mètres, ce véhicule monumental tient presque toute la largeur de la voie. Le baldaquin en est habillé de fleurs. Leurs parfums lourds se mêlent aux odeurs des sucreries, des pâtisseries, des aromates, des huiles qui flambent. C'est une fête qui s'adresse aux yeux, à l'esprit et au ventre. Le dévot hindou ne se contente point d'abstractions. Des deux côtés de la rue, comme le long de la façade du temple, scintillent les étalages des échoppes, des boutiques en plein vent, avec leurs mille petits lampions.

Au milieu du char se dresse le taureau d'argent. Il luit, tel un énorme miroir. Placé de côté, il tend le cou, et paraît s'avancer d'une allure oblique, entre la perruche et le paon, entouré d'un essaim de petits brahmes qui se sont assis sur le plateau. Les bras des fidèles poussent, le char s'ébranle. Alors les fusées s'envolent en sifflant, les flambeaux secouent leur panache de flammes, des soleils, des serpentins, des chandelles romaines montent de toutes parts, jaillissent dans l'air. Des herses se dressent chargées de feux rouges et verts. Puis tout s'embrase dans la pourpre des feux de Bengale qui brûlent sans interruption, et sur ce fond rouge les flammes des torches apparaissent vertes.

Dans une pareille cohue, le plus sage est de précéder la foule. Nous partons en avant pour nous arrêter sous la véranda d'une maison musulmane où l'on nous donne des places avec la meilleure volonté. Assis sur un banc de maçonnerie, nous ne perdons rien du spectacle. Autour de nous, au-dessus, en face, les maisons sont chargées, jusqu'aux toits, de femmes. Les pagnes et les voiles noirs, violets, verts, ou jaunes, flambés d'orange, diaprés de bleu, couleur d'aurore, couleur de sang, confondent leurs tons, s'unissent par nappes irisées où éclatent çà et là les luisants des bijoux sous la lumière frisante. Puis des pans entiers restent dans la demi-teinte d'une nuit éclairée par la lune, tandis que le bout de la rue n'est plus qu'une immense fournaise où tout, hommes, maisons, arbres, et jusqu'à l'air même, semble flamber sous une pluie de flammèches d'or, cependant que les trois divinités avancent lentement sur le fond teinté de rubis... Et je me suis décidé à rentrer, non sans peine, à m'arracher de la merveilleuse vision. Mais les fêtes

ne font que commencer et je n'en manquerai
pas une.

Pondichéry, 4 juin 1901.

Suivant cette vieille légende qui n'est pas
encore complètement détruite, les fidèles hindous se précipitaient en masses sous les roues
du char de Vishnou Djaganata, à Pouri, afin
d'y trouver une mort rapide qui leur assurait
l'éternelle félicité. Je crois qu'il convient d'attribuer ces prétendus sacrifices volontaires à
des accidents de foule. La cohue qui accompa-
gnait jeudi dernier les chars monumentaux de
Çiva et de Ganéça à Villenour aurait pu causer
de pareils malheurs si ces chars avaient con-
senti à rouler d'une allure tant soit peu rapide.
C'était une fête de jour où les boîtes d'artifices
s'essayaient à éclipser l'éclat du soleil. Mais,
malgré le fracas de cette artillerie religieuse,
malgré les cris d'enthousiasme des dévots en
délire, le char de Çiva n'avançait pas d'un
mètre par minute. Puis il resta immobile, au
beau milieu de la rue, comme si une force sur-

naturelle l'eût cloué au sol. Le quadrige de chevaux sculptés, peints et dorés à neuf, qui se cabrait à l'avant, dans le vide, augmentait, par son allure violente, le fâcheux effet de cette panne. Le chef des brahmes, frappant en vain son front démesurément découvert par le rasoir, prodiguait les ordres. Le char refusait d'avancer. Ses dimensions égalaient, je dois vous le dire, celles d'une petite maison à trois étages, le dernier, effilé en clocheton, ajouré de fenêtres arquées, servait de demeure à un brahme. Ainsi perché, ce brahme soufflait dans une trompette de cuivre, tel Spendius dans l'hélépole que les mercenaires poussaient contre les murailles de Carthage. Mais le bétail humain attelé au char de Çiva n'obéissait pas en mesure aux accents du clairon. Les gens occupés à tirer se retournaient sans cesse pour voir si l'on poussait de l'arrière; ou ils s'écartaient en tirant, emmenaient les cordes, si bien que l'édifice roulant, tiraillé dans des directions contraires, allait de côté, reculait. Alors les traîneurs s'arrêtaient, secouant la sueur qui ruisselait de leur torse. Les brahmes, en quête de renfort, couraient, un bâton à la main, mais le public s'enfuyait devant eux. Et s'ils étaient assez heureux pour racoler par la persuasion quelques auxiliaires bénévoles, on voyait ces dévots se dérober après avoir un peu touché les cordes du char, ne tenant pas sans doute à se mêler aux corvées que les municipalités fournissent pour ce roulage liturgique.

Irons-nous, comme jadis, organiser le halage, distribuer le blâme sous forme de coups de canne, l'éloge sous forme de bourrades?... Mais les autorités locales m'entraînent vers la mairie : les bayadères attendent, avec Chanoumougamodélyar en personne, et nous ne pouvons décliner l'invitation. Nous voici donc assis sur des chaises sous la véranda de la mairie. La petite bâtisse n'a rien qui fasse reconnaître sa signification officielle, la présence de Chanoumouga suffit toutefois aujourd'hui à l'illustrer. Le chef du service judiciaire qui se trouve là s'étonne du peu de déférence que je montre à l'endroit du grand électeur de l'Inde : « Eh quoi, Monsieur! Ne savez-vous pas que Chanoumouga est l'Indien le plus considérable de la colonie? — Oui, Monsieur, je ne le sais que trop. Souffrez que, pour moi, ce propriétaire du suffrage universel demeure au rang subalterne qu'il mérite d'occuper. Oui, Monsieur, je connais Chanoumougamodélyar depuis vingt ans. C'est grâce à lui que les Hindous se sont rendus ingouvernables, qu'ils ont pris en haine et en mépris les Européens, car ces derniers ont eu l'âme assez basse pour rechercher son patronage. Sans doute, Monsieur, votre Chanoumouga réussit à faire retirer aux prêtres et aux missionnaires la direction des collèges où ils enseignaient l'amour et le respect de la France, et continuaient l'œuvre de civilisation pacifique qu'ils entreprirent depuis deux siècles. Sans doute aussi fit-il remplacer ces ecclésiastiques par des laïcs qui préparent l'émancipation des esprits par l'enseignement intégral. Sans doute même choisit-il les gouverneurs et les déplace-t-il à son gré en mettant le marché à la main à son député qui se charge d'intimider le ministre. Certes, oui, Monsieur, tout cela est vrai. Et pourtant, ne vous déplaise, vous voudrez bien placer « Monsieur Chanoumouga » à deux rangs au-dessous de moi, comme il convient, et installer à la première place le représentant du Gouverneur qui a bien voulu m'accompagner officiellement. »

Les choses ainsi réglées, sans que Chanoumougamodélyar en eût contesté l'arrangement, les bayadères vinrent et commencèrent de chanter. Elles étaient là cinq ou six, jeunes, assez petites, très noires, et vêtues avec un luxe qui dépassait de beaucoup leur beauté. Leurs caleçons de satin clair quadrillé d'or retombaient sur les lourds anneaux d'argent qui cerclaient leurs chevilles; leurs pagnes de soie bridant les cuisses, suivant l'usage, puis ramenés en avant, s'élargissaient en queue de paon; les manches courtes de leurs petits corsets rejoignaient les gros bracelets coudés d'or fin qui ornaient les arrière-bras. Leurs mains, jaunies de curcuma aux paumes, étaient à ce point chargées de bagues, qu'on eût dit de chacune un écrin ouvert. Leur face brune, entourée d'orfèvrerie, éclairée par les boucles et les boutons de nez, les anneaux et les pendants d'oreilles, les fronteaux et les gourmettes d'or, apparaissait plus sombre entre les houppes de jasmin qui tombaient des tempes.

Alors le chef de l'orchestre annonça que les bayadères ne danseraient point, et cela parce que le char de Çiva se trouvait enlizé dans le sable, juste devant la mairie. En effet, les bayadères ne pouvaient se livrer à des danses profanes sous les regards du dieu qui, suivant son habitude, ne montre que son nez doré entre les guirlandes de fleurs. Une des hiérodoules se livre alors à une pantomime assez gracieuse. Ses gestes naturels, sa figure expressive, tour à tour désolée et ravie, nous montrent ce qu'é- prouvèrent les amantes des poèmes hindous, dé- laissées par leurs dieux. Puis la petite actrice commence de chanter. Sa mélopée traînante et nasillarde ne serait pas sans quelque douceur si les musiciens avec leurs clarinettes et leurs tambourins n'écrasaient la voix de la chanteuse sous leur accompagnement barbare. Enfin la bayadère se tait. On lui donne un rouleau de roupies de la part du Gouverneur, je lui colle un souverain sur le front et je m'enfuis sans espoir d'assister à la marche du Char de Çiva, défini- tivement bloqué dans le sable.

Tout à la fois cupides et prodigues, avares et fastueux, craintifs et enthousiastes, les Hindous prisent avant tout, dans les hommes comme dans les fêtes, la magnificence extérieure et l'am- pleur du geste. Riez! Mais je vous dirai que le don d'une misérable pièce d'or a produit un ef- fet considérable. Quand je collai ce souverain sur le front moite de la bayadère de Villenour, un murmure flatteur passa dans la foule des notables. L'un d'eux dit même : « Voici un Français qui connaît bien les usages. C'est y obéir que de ne toucher une fille de caste qu'avec de l'or. » Cependant un autre murmurait en clignant de l'œil du côté de Chanoumougamodélyar : « Il ne serait pas longtemps le maître ici si ce Français tenait le pouvoir... on nous ferait marcher plus vite que le pas... comme dans l'ancien temps. »

Quand on me traduisit le propos, il était trop tard pour répondre. Voici ce que j'aurais dit : « Ne craignez rien, honorable chetty, un pareil malheur ne vous arrivera pas. On continuera de vous envoyer, sous couleur de vous gouverner, un fonctionnaire qui redoutera assez Chanoumouga et son député pour ne rien entreprendre sans leur congé! Et si, par hasard, ce Gouverneur se permettait de vous gouverner, il suffira d'envoyer d'ici un télégramme à Paris pour que le Ministre rappelle aussitôt son agent. Vous avez à Pondichéry des Français qui ont soin d'accomplir vos volontés en ce sens. Pour moi, je ne suis qu'un passant, qui ne s'intéresse qu'aux monuments, aux usages anciens, à la nature et aux bêtes. » ... Je reviens au dieu Çiva : aussi bien n'aurais-je pas dû m'en écarter

pour si peu. Le char du dieu a mis deux jours
entiers pour accomplir sa promenade solennelle.
La dernière cérémonie ne s'est donc donnée que
dans la nuit de samedi, je ne me suis pas fait
faute d'y assister. Dès neuf heures du soir nous
roulions sur la route de Villenour, aussi officiellement que possible, avec le Chef de Cabinet
du Gouverneur, et des pions à baudrier. Mais,
à l'entrée des faubourgs, la voiture a donné dans
un cortège de palanquins, de chars, d'enfants à
cheval et de porteurs de flambeaux. Des musiciens musulmans, coiffés de turbans rouges,
ouvrent la marche, sur une profondeur de trois
rangs. Un Hindou s'élance vers nous, dans un
flot de mousseline blanche, et je reconnais l'administrateur de la pagode. Dirigerait-il une
procession pour son compte? Non point : nous
croisons le cortège nuptial de son fils adoptif,
et il nous prie d'assister au moins au défilé.
Aussitôt on nous passe au cou des guirlandes de
jasmin, on nous asperge d'eau de roses et nous
regardons. Voici tout un escadron de petits
garçons sous des tuniques en velours brodées,
lamées d'or et d'argent, tous à califourchon
sur des chevaux blancs ou gris magnifiquement
harnachés. Les plus petits se tiennent à l'arçon

de la selle, mais la bête va au pas, et un saïs la
tient par la figure. Suivent des brancards où
sont disposés des flambeaux par centaines. La
route en est éclairée jusqu'au plus prochain
tournant. Au milieu de ces flambeaux voici des
grands palanquins rutilants où sont appliqués
des figures, des déesses, des dieux, des génies,
tous de dimensions colossales. Puis le palanquin
de la mariée, véritable temple suspendu, re-
haussé de brocart, de clinquant, de verroteries,
de fleurs. Il oscille sur les épaules de cinquante
hommes, peut-être. Et sur le trône d'orfèvrerie,
encadrée par les arcatures légères, la mariée
accroupie, figée dans une attitude de statue,
lourde de joyaux, casquée de jasmin. C'est une
toute jeune enfant. Sa figure ovale, couleur
chamois, s'éclaire brusquement en rouge. Les
inévitables feux de Bengale enflamment l'air, et
le palanquin s'éloigne comme s'il flottait sur
une mer de feu.

Nous reprenons notre route, emportant nos
guirlandes, et bientôt nous en recevons encore.
Dès l'entrée de la pagode, les Brahmes nous ac-
cueillent; nous disparaissons sous le jasmin.
Cette fois la fête religieuse se donne sur l'eau.
L'étang sacré, réfléchissant les flammes des pots

à feu, montre ses séries de gradins, ses portiques en cloître, fourmillant de peuple. Têtes noires, vêtements blancs, roses, écarlates, s'éclairent aux lueurs dansantes de mille torches. L'eau sombre se moire de longues traînées d'or. Assis à l'angle du grand perron, je ne perds rien de l'embarquement des dieux sur le radeau. Ses charpentes sont façonnées en manière de temple. Vraie pagode flottante, il possède son haut portique pyramidal, son gopura étagé, son sanctuaire avec l'autel carré où l'on dépose en grande pompe l'image de la déesse Parvati, Kochliamballe, pour mieux dire; c'est en son particulier honneur que l'on donne cette fête nocturne; c'est elle qui va être promenée sur le radeau. Voici une occasion bonne entre toutes pour les buccinateurs sacrés. L'air est déchiré par les stridentes fanfares. Si les divinités pouraniques n'accourent point à cet appel, il faut désespérer de leur bienveillance. Des porteurs de pots à feu se groupent, et un pion de police, reconnaissable à son costume occidental de coton blanc, à son ceinturon noir, à son turban rouge, prend pied sur le radeau où il représente le bras séculier, l'administration des cultes. Près de moi le commissaire de police de Villenour, un magnifique Hindou, accentue, par son écharpe tricolore, le caractère officiel des choses. Un brahme s'attache à ma personne, et par l'entremise du commissaire, qui sert de truchement, je suis renseigné sur toutes les particularités de la fête. Ce sacerdote, discrètement, approuve mon enthousiasme pour cette magnifique religion assez sûre d'elle pour ne point admettre de prosélytes. On peut perdre sa caste, être exclu du brahmanisme, — de l'hindouisme, pour mieux dire, au sens moderne des mots, — mais on n'y peut pas entrer. C'est grand dommage. Pour un peu, répudiant mes origines, j'aurais demandé l'initiation au Çivaïsme !

Quelques brahmes, cependant, s'embarquent sur le radeau toujours maintenu au pied du perron par ses amarres. L'un s'assied à cropetons sur l'autel, au pied des statues dorées, dont les bras brandissent leurs attributs habituels. Çiva a dans ses huit mains le trident, le daim, l'arc, la massue, le tambour, la corde, l'épée et le disque du tonnerre. Soubramanyé a l'arc, les flèches, et le glaive, autre image de la foudre. Parvati tient une fleur du lotus dans deux de ses quatre mains. Des deux autres, l'une est dressée, dans le signe qui rassure, l'autre largement ouverte dans le signe de la charité.

Mais voici que l'on embarque les bayadères : dédiées à Parvati, elles en portent le nom tatoué sur un bras. On les aide, on les transporte ainsi que des meubles précieux. C'est plaisir de voir les soins amicaux dont on entoure ces prêtresses de l'amour profane et divin. On se les passe de main en main pour qu'elles ne mouillent point leurs pieds nus, alourdis par les anneaux d'argent qui s'étagent au-dessus de leurs mignonnes chevilles. De ces anneaux, les premiers sont cambrés au-dessus des malléoles à la façon des branches et des surpieds dans les éperons de l'antiquité classique. Les petites prêtresses ont revêtu, pour cette cérémonie solennelle, leurs plus somptueuses parures. Une réduction de casque d'or couronne leur chignon noir d'où descend la tresse à glands qui bat leurs reins bridés par les pagnes de soie pourpre. Une ceinture d'orfèvrerie les enserre. Les bras ronds disparaissent sous les armilles sans nombre. Tout luit, corsets de satin violets, verts, toujours d'un ton tranchant avec celui des pagnes, caleçons striés ou quadrillés d'or, bijoux de face, pendants d'oreilles, colliers, plaques battantes. On dirait autant de reines de Saba. Mais, si

luisants que soient leurs joyaux, ils ne brillent pas autant que leurs yeux ombrés par l'antimoine.

La principale des bayadères est encore absente. On s'enquiert, on court, on la cherche. Enfin la voici qui arrive. Le retard s'explique. La belle avait à accomplir des cérémonies dans le sanctuaire. La nature de ces cérémonies, je ne l'ai point demandé. La curiosité eût dépassé les bornes. Le Çivaïsme tantrique a ses mystères sensuels et terribles que le vulgaire ne doit point connaître. C'est là un point auquel il convient de s'arrêter. Et, pour ne point s'y arrêter, la plupart des Français se font mépriser en Asie, car rien ne blesse plus l'Asiatique que cette condescendante et égrillarde familiarité par quoi tant de nos compatriotes croient les honorer. Aussi ne m'occupai-je point de la bayadère en premier, et la regardai-je passer, comme les autres, sans en parler au brahme. Mais elle s'arrêta devant moi, s'inclina et porta la main droite à son front pour me saluer avec la correction indienne la plus marquée. Sans croire un seul instant que cette politesse de faveur distinguât en rien ma personne, je regardai l'adorante. Quelle ne fut pas ma suprise en reconnaissant la bayadère de la mairie, et combien elle était changée!

Celle que j'avais vue noire et chétive, vêtue avec un luxe de pacotille, au jour cru de la véranda, apparaissait dans la splendeur de ces fées qui, pour tenter les solitaires ascètes, émergent avec un chant d'oiseau du calice des fleurs. C'était bien elle la reine de Saba qui troubla le bienheureux Antoine, abbé du désert. Symbole de l'Inde mystérieuse et sensuelle, où la nature flatteuse et hostile attire sans cesse l'étranger pour le prendre et le garder dans son sol, de l'Inde qui garde tout, ses envahisseurs comme les enfants de sa terre, la danseuse de Çiva semblait me dire : « Regarde-moi, étranger tout à la fois puissant et fragile, impur à mon regard autant que le dernier des parias. Je suis le génie familier de la pagode, et mes pas harmonieusement comptés réjouissent le dieu qui sommeille au fond du sanctuaire où tu ne pourras jamais pénétrer. C'est pourquoi je me ris de toi en t'honorant pour la forme. Tu voudrais, peut-être, nous arracher nos secrets, pénétrer nos mystères, dévoiler nos symboles. Illusion! C'est Maïa seule qui te guidera, et elle t'abandonnera bientôt dans les ténèbres. Tu entreras, mais sans dépasser le seuil, tu verras peu, tu entendras moins, tu ne comprendras rien et tu t'en iras au regret, pareil à tous ceux qu'a épuisés le désir de délier la ceinture de la déesse. Elle s'est résolue entre leurs mains comme la sacrée Ganga a fui entre les doigts de Çiva, comme la fumée du brasier que prétend retenir le poing fermé de l'enfant, comme le nuage qui passe en changeant sa forme, comme le souffle de la brise qui ride la surface des eaux. Réjouis tes yeux, voyageur, mais n'oublie pas que c'est là se désaltérer au mirage! »

Oui, sans doute, petite bayadère aussi fluette et fragile que ces figurines de pâte, peintes et dorées à merveille par la main habile des mouchys, tu es bien le génie familier de l'Inde. Je vénère en toi la contrée-mère, luxuriante et aride, ses cités aussi vite élevées que détruites, ses temples dont une moitié disparaît sous l'or tandis que l'autre tombe en ruines, ses routes et ses rues où se coudoient l'infirme lépreux chargé de tous les maux dont souffre l'homme, et l'altière brahmine alourdie par ses entraves d'or. Je vénère en toi l'Inde toujours asservie et toujours libre, rebelle à ce que l'humanité moderne prétend appeler le progrès. De toi s'exhale un charme lourd et mystérieux comme les effluves des fleurs de ton pays dont le parfum nous plonge dans une pernicieuse ivresse...

Mais la voix du commissaire, ceinturé de l'écharpe tricolore, m'arracha à ma rêverie. Il m'apprend que la danseuse me remercie encore pour la pièce d'or. Et je vois la bayadère installée sur le temple flottant de son dieu. La Péri jouit, ce semble, d'un assez mauvais caractère. Adossée à l'autel de Çiva, elle glapit, jure contre un porteur de flambeau dont le pied a froissé le sien, dans la presse. Le radeau se met à glisser sur l'eau. Doucement halé par les Hindous qui tirent les cordes, il côtoie le bord, écartant la foule des baigneuses dont les épaules brillent sous la lumière des torches.

Merveilleux spectacle que ce temple lumineux filant sur le lac! On croirait voir ces chasses miraculeuses des légendes qui traversaient les eaux en les éclairant, pour la confusion des infidèles. La surface sombre de l'étang réfléchit les traînées de feu. La foule applaudit. A ses cris de joie succède le fracas des trompes. Puis les gongs résonnent, les tambours battent. Les doucines et les flûtes commencent de jouer, et d'une voix monotone les six bayadères célèbrent la vertu des dieux. Leurs voix ne cessent de se faire entendre tant que le radeau vogue autour des gradins de l'étang. Il doit en faire sept fois le tour. Voici le premier voyage accompli. La pagode flottante s'arrête devant le grand perron. L'aspect est féerique. Des feux de Bengale allumés aux quatre angles de la pièce d'eau ensanglantent l'horizon, les premiers plans semblent fondre dans une fournaise. Devant l'autel, les Brahmes brûlent le camphre qui monte en flammes vertes, l'autel resplendit, tel un bloc de métal en fusion. Mais l'embrasement rouge domine tout. On dirait une ville en flammes dont le peuple envahit les places. Les bayadères, aux pieds de Çiva, paraissent des princesses captives chargées de chaînes d'argent. Immobiles, dans leur attitude d'idoles, elles continuent de chanter. Leur mélopée plaintive monte comme des supplications d'esclaves, leurs yeux brillent ; on croirait voir des larmes en tomber par cascades sous la clarté aveuglante de l'atmosphère empourprée.

Toujours je reverrai le pagotin d'or glissant sur l'eau noire, pareil à une image de rêve. Et j'ai pensé aux fêtes de Moloch dévorateur, aux temples de Babylone avec ses hiérodules prostituées, aux temples de Troie s'abîmant dans les flammes, écrasant dans une ruine commune les autels et les prêtresses suppliantes serrées en troupeau aux pieds de leurs dieux impuissants, j'ai vu Ulysse et Diomède ravissant le Palladium, Ajax et Cassandre, les reines traînées, joyaux de chair et d'or, j'ai entendu la voix puissante des vainqueurs, les plaintes et les prières inexaucées des vaincus...

Les lumières mouraient partout. L'obscurité nous enveloppait peu à peu. Seul le temple lumineux continuait d'avancer sur l'eau qu'il éclairait en rouge. Des fusées, de l'autre côté de l'étang, couronnaient, par instants, son pinacle d'une nuée d'étoiles filantes. Et je partis qu'il était deux heures du matin, ébloui, étourdi, charmé, énervé par les senteurs entêtantes de guirlandes de roses et de jasmin. Le long de la route, sous les grands arbres, les Hindous filaient par longues processions paisibles. Au milieu, les petites charrettes à bœufs grinçaient. Par les fenêtres carrées des boîtes peintes à fleurs se montraient des figures de femmes encadrées de voiles brillants. Toutes portaient sur leur front l'insigne sacré peint entre les sourcils, et certaines étaient si pâles qu'on les eût dites éclairées par la lune. Mais les saïs, les pions, écartent la cohue des chariots, on bâtonne à tel point un zébu et son vindikarin récalcitrant que la pitié me prend. La femme qui se blottit, effarée, sous le berceau de son char, est tellement belle que je la laisse passer en avant, et je passe au cou de son bœuf, aux cornes dorées, une guirlande de fleurs. Les roues continuent de crier, les gens de s'encourager, les clochettes de sonner, par un vieux reste d'habitude, on se range encore devant la voiture du Gouverneur. Les mendiants nous escortent en nous implorant d'une voix lamentable, et l'un d'eux nous flanque en faisant la roue. C'est à croire qu'un des diables de la pagode nous honore de sa conduite. Il est suivi par quelques buccinateurs, dont les cuivres jettent la terreur parmi tous les bœufs attelés. Mais les chevaux laissent vivement tout cela derrière eux, et, jusqu'à Pondichéry, nous retrouvons la paix majestueuse de la nuit. Seuls les oiseaux nocturnes donnent de la voix en coupant la route de leur vol silencieux et mou...

III

PONDICHÉRY : Un mariage hindou.

Pondichéry, 12 juin 1901.

Grâce à la complaisance d'un Pondichérien
de haute caste, le conseiller privé Naranyassamy, j'ai eu la bonne fortune, peu commune,
d'assister aux cérémonies intimes d'un mariage.
La faveur vaut par sa rareté, car l'Hindou garde
aussi étroitement la porte de sa maison que le
Musulman l'accès de son harem. S'il invite volontiers l'Européen à ses fêtes extérieures, il ne
l'admet pas aisément à celles qui ont un caractère familial. Mais l'on a vite connu, dans cette
petite ville désœuvrée et curieuse qu'est Pondi-

chéry, l'amour sincère que je porte aux rites et aux traditions de la vieille Inde. Depuis que je suis arrivé, pas un jour ne s'est passé sans invitation. Fêtes religieuses ou domestiques, galas publics ou privés, tous ont trouvé en moi un spectateur assidu et charmé.

J'ai visité dans ses plus obscurs réduits la pagode de Villenour, gravi, sans crainte de me heurter le crâne aux corniches surbaissées, les sept étages de son gopura, dénombré les statues et les figures d'animaux, les chars, tous les accessoires du culte. Je vous en épargne l'énumération. Je vous fais grâce aussi de la fête solennelle du Nirpou-Tiroumal, fête du feu, qui se donne chaque année, en juin, à Ariancoupom. Des centaines de dévots courent, pieds nus, sur une piste pavée de charbons ardents, à peine cachés sous un lit de cendres, et cela pour attester l'innocence de la belle Draupadi, commune épouse des cinq fils de Kourou. Au son des instruments les plus variés, les fidèles s'en vont, jaunes de curcuma, couronnés de fleurs, et suivent en dansant les effigies peintes et richement accoutrées de Draupadi et de Darma Radjah. Puis, arrivés devant le chemin de feu, ils s'élancent, après s'être frotté le front

avec les cendres, et traversent trois fois le tapis
ardent, plus ou moins vite, selon le degré de
leur zèle. Si l'on tient compte des quatorze
mètres que mesure cette traînée de feu, on ne
peut s'empêcher d'admirer ceux qui s'acquittent
d'un pareil devoir. Certains, parmi les plus fer-
vents, s'avancent, portant leurs enfants entre
les bras. Ainsi les Hindous répètent-ils à l'envi
le passage de Draupadi à travers le feu. Chaque
année, la sainte femme s'astreignait à cette cérémonie purificatrice avant que de s'unir à son
nouvel époux, l'un de ses cinq beaux-frères.

C'est un lieu commun de dire combien les
Hindous chérissent dans le faste tout ce qui
parle spécialement aux yeux. Pareils, en cela,
à nos ancêtres des anciens régimes, ils se ruinent
d'un cœur léger, pour paraître. Chacun, suivant sa condition, atteint à l'impossible, sans
se soucier de s'endetter pour longtemps. L'appareil féerique des fêtes de la nuit ne fait que
continuer les prodigalités du jour. Notre voiture roulait sur les jonchées de feuilles fraîches
qui cachaient la chaussée de la rue, et nous
étions encore loin de la maison nuptiale. De
celle-ci la façade disparaissait sous les guirlandes
de fleurs et de fruits. Fendant la foule épaisse,

nous arrivons enfin. L'hôte est sur le seuil. Il
s'empresse, nous entraîne dans la cour intérieure, avec force salutations, nous fait asseoir.
On nous passe au cou l'inévitable guirlande de
jasmin, on nous met dans la main une baguette
de sandal et autres substances odorantes amal-
gamées avec une colle subtile. Les baguettes
s'allument, dégageant une odeur âcre et fine
d'abord, puis ambrée. Et nous regardons.

Le Pondichéry mondain est là, sous les galeries. Soupou, que je croyais parti pour Madras,
brille dans ses pagnes neufs et ses impeccables
écharpes de mousseline blanche. Voici, sous
un pavillon à baldaquin fleuri de roses, les mariés. Derrière eux les invités du sexe masculin
sont assis sur cinq rangs de profondeur,
d'autres occupent les deux côtés de l'entrée.
Suivant le rituel, le couple qu'on va unir fait
face à l'orient. Au milieu de la cour transformée
en salle couverte par un toit en palmes, les
brahmes officient. Autour d'eux, l'on voit des
lampes de formes diverses, allumées, des réchauds où brûlent des résines et des gommes.
La fumée bleuâtre, parfumée, monte en minces
spirales parmi les poteries de terre rouge,
peintes, bariolées, qui figurent autant de divini-

tés favorables aux mariages. Un bambou, fiché droit dans le sol, se dresse en signe propitiatoire de longévité pour les époux. Il porte, attachées par des rubans, des feuilles de Kaliana-mourké *(Erythrina indica)* et de margousier ou vépou *(Azadirachtha indica)*. Ces dernières sont consacrées à Mariammin, déesse de la variole. Au pied du bambou, des fruits s'entassent avec un monticule de riz; autant de présages d'abondance. Les brahmes, tournés vers les points cardinaux, saluent les Déverkels, génies bienfaisants des quatre coins et qui obéissent à Dévidren. Roi des demi-dieux, celui-ci soutient l'Orient du monde et gouverne le Ciel d'où, grâce aux trois grands dieux, Vishnou, Çiva et Brahma, il a pu chasser les géants.

Pareil en cela à tous les hommes présents, le marié porte la longue tunique de coton blanc, ajustée, les pagnes serrés autour des jambes, et l'étroit turban à carre oblique. L'épousée et les femmes sont prises dans des pagnes éclatants, dans des écharpes de soie légère. Toutes sont lourdes de bijoux. Au moindre de leurs mouvements, les joyaux résonnent avec un bruit clair de sonnailles, un cliquetis de mors, un grincement de harnais. Mais, entre toutes ces femmes plus richement ornées que les idoles des pagodes, la mariée, seule, est vêtue à la mode ancienne. On croirait voir une vivante réplique des figures archaïques de Barhut et de Sanchi. Son ajustement, en certains de ses détails, est purement javanais ou indo-chinois.

Ses pagnes de Bénarès incarnadins, lamés d'or, sanglés aux hanches par-dessus les caleçons de satin cerise, sont ceints, très bas, par une énorme ceinture d'or. De sa coiffure d'orfèvrerie le bandeau passe au ras des sourcils, puis émet une branche qui monte entre eux pour rejoindre le chignon casqué d'or, lardé de fins boutons de jasmin. Et cette masse de cheveux, d'un noir à reflets bleus, se continue en une queue tressée que terminent des floches de soie noire, descendant plus bas que les reins. Un modillon d'or ciselé timbre le front. L'ovale pur du visage brun est encadré par les massifs pendants d'oreilles, les plaques battantes des retombées du bandeau, les piquets de jasmin; et il ne montre guère que les yeux, tant est grande la profusion des boutons de nez, des houppes d'or qui ombragent les tempes. Le cou est cerclé de colliers plus hauts et plus épais que des carcans. Les bracelets commencent d'enserrer les bras jusqu'à partir des aisselles, cachées ainsi que la gorge sous un étroit corset de tabis écarlate. De ces bracelets, les premiers sont coudés en chevron à la façon des bagues que portent les bayadères ; les autres, de section ronde, forment le cercle parfait ou se contournent en spirale ainsi que les torques antiques. Les mains, couvertes par des fermaux circulaires, vastes rosaces d'or où se relèvent en bosse les turquoises, semblent des gantelets continuant la défense des bras armés d'anneaux sur toute leur longueur. Aux doigts sont passées tant de bagues que les phalanges pourraient à peine se ployer. Les pieds nus en portent aussi aux orteils, et les chevilles se perdent sous les anneaux pesants où se balancent des globules d'or.

L'épousée, les mains ouvertes reposant sur ses genoux, demeure figée dans son attitude d'idole. Elle paraît sommeiller doucement. Seule, sa gorge superbe, qui palpite au rythme de son souffle, indique qu'elle vit. Ses paupières sont baissées, et ses joues ombrées par ses cils plus crochus que les hameçons des pêcheurs. C'est une femme très belle, déjà mûre pour ces pays de l'Inde, car elle a atteint ses vingt ans.

La voici qui se lève et s'avance. Ses formes sont pleines et harmonieusement balancées, sa démarche souple dit les heureuses proportions de son corps. De moyenne prestance, grande pourtant parmi ses compagnes, elle est dépassée du front par son époux, ce qui est la dernière proportion admise. L'usage indien défend à la femme de surpasser son mari par la taille. Dans la vie, elle doit, au figuré comme au vrai, marcher derrière lui, pieds nus, et couvrir l'empreinte de ses pas.

Et c'est à quoi la mariée s'exerce dans les diverses phases de la cérémonie qui se déroule sous nos yeux. Elle va, les yeux mi-clos, les bras collés au corps, les mains ramenées en avant, les paumes tournées vers la terre, les doigts relevés. Derrière elle, une parente la guide, la tenant par les coudes. Cette directrice de l'allure est une belle Indienne dont la face bronzée, déjà fanée, est empreinte d'une extrême douceur. Ses épaules délicates, rondes, montrent leurs lignes pures sous le petit corsage violet à fleurons d'or. Entre ce corset et la ceinture des pagnes luit la peau des flancs, de l'échine finement cambrée, peau satinée, à chauds reflets de cuivre. On croirait voir la reine Clytemnestra poussant Iphigénie vers l'autel. Tout prend, à ces noces, apparence de sacrifice. Pour un peu, le chef des brahmes, gros homme onctueux, grave et débonnaire, deviendrait un autre Calchas. Et vraiment, la mariée joue là un rôle de victime. Le sourire imperceptible qui éclaire un instant son visage, au contact d'une jeune fille qui la frôle en chuchotant, s'éteint aussitôt. Nul ici ne doit manquer au décorum. Il s'agit d'une représentation mondaine où chacun joue un rôle longuement appris. Nous sommes au théâtre.

La réalité se mêle pourtant à la convention. On assiste à une prise de possession effective, la mariée ne fait que changer de servitude. A l'autorité incontestée du chef de famille, se substitue celle de l'époux. La condition de la femme indienne, vous ne l'ignorez pas, est précaire et misérable entre toutes. Éternelle mineure, captive domestique, elle n'a point même la disposition de sa chair. Le mariage n'est point pour elle une question de choix. Dans les plus basses castes, comme dans les plus hautes, elle entre en esclavage le jour où elle naît pour atteindre à la liberté seulement au jour de la mort. Fiancée, à son insu, et sou-

vent dès le plus bas âge, elle court cette mauvaise fortune singulière de devenir veuve avant
que l'union soit consommée ; et sa position est
alors de celles que nos esprits, pénétrés d'un
idéal de liberté et de dignité personnelle, — en
tout étranger aux Hindous, et peut-être pour
leur bonheur, — ne peut envisager sans révolte...

Mais on a trop parlé, trop écrit sur ces choses
pour que j'entreprenne de vous en retracer le
tableau. Il a été poussé, presque toujours, au
noir. Juger un peuple aussi différent de nous,
avec nos idées, nos coutumes et surtout nos
passions égalitaires, est une œuvre vaine dans
le présent et terriblement incertaine si l'on prétend tabler sur l'avenir. La mentalité occidentale ne souffre, d'ailleurs, de comparaison qu'à
son avantage. La supériorité de notre race ira-
t-elle s'affirmant au gré de nos certitudes ? C'est
là une autre question, et je n'y répondrai point
aujourd'hui. Souffrez donc que je vous raconte,
sans autres digressions, le mariage du beau-
frère de Naranyassamy.

C'est maintenant dans le centre de la cour
un va-et-vient continuel. Sans cesse les époux
changent de place. Ils se lèvent, se rasseyent,

marchent, puis regagnent leurs sièges. La mariée, les yeux toujours clos, se laisse conduire par sa parente. Voici que le mari passe autour du cou de sa femme le *taly*, corde tressée d'or et d'argent. Cette partie de la cérémonie est, de toutes, la plus importante. On la nomme *Mangalyadaranam*, et son accomplissement rend l'union indissoluble. Le *taly* au cou d'une femme indique qu'elle est mariée, qu'elle appartient à son époux, et cela pour toujours, car une veuve ne peut jamais contracter un second mariage. Aussi, dans les basses castes, où l'on supprime, par économie, la plupart des rites, le *Mangalyadaranam* demeure-t-il la seule formalité que l'on ne puisse se dispenser de remplir.

Le *taly* est un vieux signe de servitude. Aussi bien la femme que je vois s'incliner a la mine d'une captive. Elle va lourdement, exagère son allure pesante, entravée d'or, les bras toujours collés au corps, les mains ramenées horizontalement en avant, les paupières baissées, comme si elle voulait mieux prouver son obéissance aveugle et son complet abandon. Penchée en avant, molle, résignée, timide, elle s'avance dans une démarche de somnambule. Le mari observe une pareille réserve. Ses pas sont comptés, ses gestes ont quelque chose d'automatique.

En revanche, autour du couple, chacun jacasse, s'agite sur place, même les femmes qui causent à voix basse et sourient doucement. La chaleur, étouffante, va toujours s'augmentant sous le pandal où se condensent les vapeurs des lampes. Tout vibre dans une atmosphère bleuâtre où montent les fumées de l'encens, des gommes, des baguettes incandescentes sous leur chapeau de cendres blanches, et par-dessus tout le parfum entêtant des fleurs. Et cela sans que les mouches cessent de s'abattre par essaims sur les offrandes, et les moustiques de susurrer leur énervante chanson.

Les mariés se sont rassis. On leur a mis dans la main un joyau d'orfèvrerie en façon de bouquet. Puis on les recouvre du giron jusqu'aux pieds d'une vaste pièce de lin blanc, et on apporte un gros vase, pannelle de bronze aux flancs rebondis, pleine de riz sec. Tous les hommes se lèvent et, à la file, chacun vient puiser dans le vase, jette trois poignées de riz devant les deux époux, salue les signes sacrés en croisant les mains sur sa poitrine, puis reçoit autour du cou une guirlande de fleurs. Et me voici jetant aussi le riz aux pieds de la mariée, du marié, saluant les pannelles bariolées, sans lâcher ma baguette incandescente, et mon col se trouve enrichi d'une seconde tresse de jasmin.

Une procession de jeunes filles commence alors de faire le tour de la cour qu'elle doit doubler par trois fois. On dirait autant de péris tournant lentement autour des lampes, des simulacres divins, du bambou enrubanné! Ces mignonnes Indiennes agissent ainsi pour détourner le mauvais œil. De ces filles qui tournent ainsi gravement sous la présidence d'un brahme, l'aînée a tout juste dix ans, mais elle en paraît bien dix-huit. Les plus petites exagèrent encore la raideur de leur maintien, comme pour surpasser leurs aînées dans l'observance des rites. Derrière elles vient le marié. Il traîne sa femme par le petit doigt, et celle-ci suit, toujours tenue aux coudes par sa parente au corsage violet dont je ne cesse d'admirer la distinction d'allure et l'expression de digne et chaste réserve... Mais, voici qu'au grand scandale de l'assistance, la petite nièce de l'hôte, mécontente peut-être de ne pas avoir eu sa place dans le cortège des exercices, s'empare de ma canne et de mon casque. Depuis quelques instants la charmante créature rôdait autour de moi. On eût dit une statuette de matières précieuses, d'onyx, d'ébène et d'or, rehaussée de perles et d'émaux, tant son buste nu avait une belle couleur d'ambre, tant luisaient les cassures de ses pagnes diaprés. Elle avait cinq ans, peut-être, et l'on eût cru voir une petite femme, ou mieux une de ces fées que traînent des papillons dans un char fait d'une écorce de fruit. Grimpée sur un fauteuil, elle venait à la hauteur de mon front... Pour chargés que soient de ma coiffure et de ma canne ses bras menus et frais, où tintent les anneaux de vermeil, elle trouve moyen de me prendre mon lorgnon, sur mon nez, et me rend ainsi aveugle d'un temps. Et elle s'enfuit, sautant de chaise en chaise, essayant le pince-nez. On lui donne la chasse, on me prodigue les excuses. On s'étonne aussi, tant s'est vite répandue ma réputation de despote, que je n'entre pas dans un accès de colère folle. Peut-être aussi les Hindous voient-ils d'un mauvais œil cette fillette de caste, montrer avec un Occidental impur tant de familiarité. Propriétaire par droit d'aubaine, et du pince-nez et de la

canne, — car la délurée tchokri a dû lâcher le
casque qu'un pion a ramassé et serre avec précaution sur son cœur, — elle bondit de siège
en siège, et enfin, triomphante, elle se réfugie
entre mes genoux, bravant les parents désolés,
les brahmes, la société, le gouvernement,
l'église, l'état, en un mot tous les pouvoirs établis. Le cérémonieux et affable Naranyassamy
est consterné. Sa consternation confine maintenant au désespoir : c'est l'abomination de la
désolation : sa nièce allonge ses mains minuscules, où il y a certes plus de bagues et de fermaux que de chair pour me tirer les moustaches.

— « Excusez-nous, monsieur, s'écria le conseiller privé, excusez-la ! C'est une enfant, et
qui ne sait pas ce qu'elle fait !... Holà ! Quelqu'un ! Qu'on l'emporte ! — Non point, cher
Naranyassamy, laissez-la, s'il vous plaît.
Voyez-la : ne dirait-on pas une abeille dorée se
jouant dans un rayon de soleil ? On croirait voir
la déesse Latchmy en personne, descendue du
Kaliassa ou de quelque autre paradis pour
bénir votre fête ! Cette enfant, dans ses pagnes
de soie lilas à fleurs blanches, son écharpe
rose, ses caleçons pourprés à rosaces orange,

son corset vert émeraude, est pour moi la vivante image de la terre et du peuple que j'aime le plus au monde, plus peut-être que les cicindèles et que les tableaux de Gustave Moreau. Hélas! jamais ce grand artiste n'aura eu pareil modèle... Songez, Naranyassamy, le plus aimable des hôtes, que votre nièce réussit à tenir en échec toute la société hindoue la plus choisie après s'être assurée de la protection du plus morose des Occidentaux, émerveillé de sa gentillesse. Cette enfant est certainement la fille d'un dieu, la sœur, peut-être, de l'enfant Kamah, qui préside à l'amour, et que vos peintres se plaisent à nous représenter monté sur une perruche aux mille couleurs et tendant sur son arc en canne à sucre une flèche dont le fer est remplacé par la corolle d'une fleur! »

Pondichéry, 14 juin 1901.

... En ai-je fini avec les noces du beau-frère de Naranyassamy? Je ne le crois pas... L'arrivée de plateaux en cuivre, chargés de confitures et de rafraîchissements glacés, attira l'attention de la petite fée domestique, et elle s'enfuit, sautillant sur un pied, dans la résonance de ses crotales d'or, telle une reine de Saba en dimensions réduites. Alors on aspergea tout un chacun avec des instruments d'argent. Leur long col, terminé par une pomme, laissait dégoutter l'eau de roses. Puis l'on recommença l'opération avec de l'eau de sandal contenue dans deux coupes d'argent. — Nous sommes aspergés, des premiers, par l'hôte en personne; sa femme asperge les dames indiennes et leurs filles qui se divertissent en croquant du sucre candi. Les plateaux circulent. Les bras bronzés plongent avec un cliquetis d'anneaux parmi les friandises. On nous offre de la limonade et du vin de Champagne. Et la cérémonie continue, après cet intermède, dans le luxe discret, intime, écrasant, barbare, où tout brille, reluit, embaume, parle aux sens. Les métaux précieux, les gemmes, les perles se mesureraient au boisseau; les soies de Bénarès, les satins brochés du Penjab, les mousselines de Dacca lamées d'argent et d'or fin s'auneraient par brasses. Et tout cela couvre et découvre, au gré des mouvements, les chairs lustrées dont le ton varie du bronze noir au chamois le plus clair, presque blanc. Les bijoux scintillent comme des lampyres dans le demi-jour des galeries, les yeux palpitent comme des étoiles sous les arcs fiers des sourcils. Entre eux, le petit disque rouge des déesses est soigneusement tracé au pinceau.

Il y a là deux cents femmes, peut-être, presque toutes belles de corps, la plupart charmantes de traits, avec leur visage ovale, un peu mou, leur cou plein et empâté. Leurs épaules et leurs bras comptent parmi les fameux, dans l'Inde; les Dravidiennes ont cette réputation méritée de posséder les corps les plus parfaits qui existent. Les femmes de casté, s'entend; car, pour le menu peuple, le type, quoique assez varié, est certainement très médiocre.

Mais je ne puis jouir, par la vue, de ce parterre de fleurs vivantes que bien à la dérobée. On nous a assis le dos tourné à la jeunesse, et ce serait une grave inconvenance que de se retourner. La première recommandation que vous adressent les interprètes officiels est de ne point regarder avec insistance les femmes, dans les fêtes où l'on est convié. Je ne saurais trop vous le répéter : l'Oriental, et l'Hindou l'est dans les moelles, ne souffre guère plus qu'on admire ses parentes ou alliées qu'il n'aime en entendre parler. Aussi fus-je privé, pour une grande part, de ce spectacle unique et vraiment ravissant, de deux cents Indiennes de caste, dans leur décor domestique. La plupart de ces femmes ne sortent guère, si ce n'est en voiture fermée, à fenêtres en persiennes, et on ne les voit, pour ainsi dire, jamais. Dans le Nord de l'Inde, qu'il s'agisse de brahmanistes ou de musulmans, les femmes sont entourées de soins encore plus jaloux.

Je ne sais si je vous ai raconté cette curieuse scène que je vis jadis dans la gare même de Bombay. Au moment de prendre le train, j'aperçus une suite nombreuse d'Hindous vêtus des plus riches habits. Les hommes portaient ce merveilleux costume qui semble une fidèle réplique de celui que l'on portait en France sous Louis XII et François Ier. Coiffés d'une sorte de chapeau rond et plat, dans le genre des « bonnets à la coquarde », tous avaient la tunique demi-longue, plissée aux hanches, rappelant la « huque » ou la « demi-saye », les caleçons collants atteignant la cheville, tout comme nos vieilles « chausses coupées ». A leur ceinture en brocart de Bagdad ondé, étaient attachées les armes de main, sous leur fourreau de velours vermeil, le « Kouttar », ce large et court poignard dont la poignée est en façon d'étrier, et le cimeterre courbe, à garde circonflexe, dont le pommeau s'évase en cupule et se surmonte d'une bielle d'attache où passent ces glands d'un si beau travail que l'on fabrique au Bengale. Tous ces gens étaient chaussés de babouches crochues dont le bec se terminait par une houppe de soie. Entre ces garnisaires de si belle mine, couverts de satins ou de damas éclatants, s'avançait un objet étrange, un meuble, ce semblait, un meuble long, étroit, pareil à une haute table habillée d'une housse en lampas cerise à liteaux d'or. Mais c'était une table qui marchait. Au vrai, il y avait sous ce poêle cinq ou six femmes environ, qui se suivaient, serrées, à la file, ainsi abritées contre les regards indiscrets. On devinait, plus qu'on ne distinguait leurs pieds blancs chargés d'anneaux et de bagues.

Retenu par cette réserve, que je n'ai jamais manqué de garder dans tous les pays asiatiques, au public comme au privé, je ne m'approchai point du cortège. Tout disparut dans un wagon réservé dont les stores de vétiver étaient soigneusement baissés. J'appris, par la suite, que c'étaient les femmes d'un nabab du Béhar qui revenaient avec leur seigneur et maître d'un voyage à Bombay.

Pour les dames de la famille Naranyassamy, la consigne était certainement moins sévère. Mais, si je ne pus les voir à l'entière satisfaction de mes yeux, du moins eus-je la vue pleine et entière des deux bayadères qui firent leur apparition au plus beau moment de la fête. On venait de procéder à l'Omam, c'est-à-dire à l'effusion du beurre dans le feu sacré, et à l'Anoumdadipoudja, en l'honneur de cette Anoum Poudja Dadi, épouse légendaire du pénitent Vasichetay, femme célèbre entre toutes pour sa charité et qui mérita de prendre rang parmi les petites étoiles voisines de la Grande Ourse, tant monta haut vers le ciel le parfum de ses vertus. C'est alors que les bayadères firent leur entrée. Elles ne venaient point pour danser, mais pour assister l'épousée dans des rites spéciaux que seules ces prêtresses de l'amour ont la fonction d'accomplir. Sans honte, elles se glissèrent parmi les hommes et demeurèrent assises au milieu d'eux, sur les gradins, une jambe repliée en tailleur, l'autre pendante, posture habituelle des divinités dont elles desservent l'autel. C'étaient deux Deva-dasseris attachées à la pagode principale de Pondichéry, et qui, tout comme celles de Villenour, appartenaient à la grande division des castes brahmaniques, dite de la main droite.

Souffrez que je ne vous retrace pas l'histoire de ces deux mains, gauche et droite, dont les querelles de préséance ont, pendant deux siècles, et encore assez récemment, ensanglanté les rues de Pondichéry. Tout cela, quoique d'origine peu ancienne, puisqu'on n'en trouve pas trace dans les législations de l'Inde antique, est aujourd'hui tombé à peu près dans l'oubli. Cependant les bayadères des pagodes de Kala-terwaram et de Katmachiwaram, qui sont de la main gauche, ne peuvent entrer dans les temples de la main droite. Il y a là matière à un volume entier. On y raconterait les rivalités des deux mains, énumérerait leurs privilèges, parmi lesquels celui de tirer des boîtes d'artifice aux mariages, et citerait, pour mémoire, la cu-pidité vraiment extraordinaire de la femme de Dupleix, cupidité telle qu'elle scandalisa, en son temps, les Indiens eux-mêmes. Mais à quoi bon parler de cette métisse qui sut mettre tout à l'encan. « Si, me disaient certains vieux Hindous, riches en souvenirs de famille, si Mme Dupleix avait pu nous vendre l'air qui se respire, elle n'y aurait pas manqué. » Aujourd'hui Dupleix est considéré, par l'école humanitaire et pacifiste, comme source de tout bien, tandis que Laly-Tollendal est encore mésestimé. C'est affaire de mode. Quand j'aurai revu les champs de bataille où s'éteignit notre fortune, quand j'aurai fini de lever copie des pièces d'archives qui ont échappé à la dent des termites, hôtes de la bibliothèque de Pondichéry, je vous écrirai sur cela... Sans souci des mains gauche et droite, j'en reviens aux bayadères de Pondichéry.

Ces deux-là sont grandes et belles. Grandes surtout en comparaison des autres femmes présentes, presque toutes de taille très médiocre, comme il convient ici à toute dame qui n'a point à humilier son époux. A la première de mes bayadères, grasse, molle, râblée, dodue, claire de peau, bouffie, avec les yeux peints, il ne manquerait que d'être « blonde comme le miel » pour reproduire fidèlement l'image consacrée de la luxure. Elle est enveloppée, sanglée, dans ces souples pagnes de soie que l'on tisse à Pounah, roses, incarnadins, couleur de cuivre, brodés de ronds paonnés à rappeler les staurakia byzantins. La danseuse sacrée nous fixe distraitement avec le regard lourd et caressant de celles dont le devoir est de ne rien refuser à personne. Sa compagne, plus grande, plus fine, admirablement prise dans ses formes élégantes et fières, a les plus jolies épaules du monde et des bras fins, tournés dans un bronze olivâtre. La sveltesse de couleuvre, qui distingue cette fille brahmanique, vaut encore davantage par la couleur noire ou bleue, très sombre, de ses draperies diaphanes bordées de larges bandes orange et carmin.

Les bayadères se sont levées. Elles s'approchent du couple nuptial, comptant leurs pas, glissant sur le sol marqueté de blanc et de rouge. De leurs quatre mains croisées elles tiennent un large plateau d'argent. Elles s'arrêtent, entonnent une mélopée traînante. La cérémonie publique est terminée. Les mariés se retirent par la porte du fond, accompagnés par les deux courtisanes qui font office de paranymphes. Les musiciens accompagnent la sortie de leurs accords les plus mélodieux où se mêlent les airs anglais les plus modernes. Le

Tarara-Boum Dy-Ay — pour mon particulier chagrin — alterne avec les Ragas traditionnels de la vieille Inde. C'est la seule ombre qui obscurcisse le tableau.

Je me suis enfui, me tenant à quatre pour ne pas me boucher les oreilles. Et je retombe dans l'agitation de la rue, sous le ciel embrasé d'une après-midi de Pondichéry, au mois de juin, trente-sept degrés à l'ombre! Sans se soucier du soleil qui tape d'aplomb sur les têtes rasées, les badauds continuent de s'empresser sous ces murs derrière lesquels il se passe, comme on dit, quelque chose.

Pondichéry, 24 juin 1901.

... Si vous pouviez vous former une idée de la température que nous subissons ici, vous me sauriez un gré infini du courage qu'il me faut déployer pour écrire. M'étant installé dans l'hôtel de Soupou, au rez-de-chaussée, je ne jouis pour ainsi dire jamais de la brise arrêtée par tous les murs qui m'enclosent. Un bananier anémique, un tas de planches et une vieille barrique dressée contre un hangar misérable sont mes seuls sujets de distraction dans ce bas-fond, infesté de moustiques. Si je lève les yeux, j'aperçois le phare de vigie qui, pareil à un énorme mirliton, lève vers le ciel, uniformément bleu pur, sa plateforme où le drapeau tricolore pend le long de sa hampe à pomme ronde. L'image de la patrie lointaine semble ici être l'emblème de la nostalgie somnolente dont je souffre. Sur la balustrade de fer, l'éternel aigle roux à tête blanche demeure perché, poussant de temps à autre son cri mélancolique et hautain. Cette forme tangible de Garouda pleure, peut-être, le temps où le dieu Vishnou s'élançait, monté sur son dos, de la grande pagode de Pondichéry qui fut détruite de fond en comble à l'instigation du Suisse Paradis et de la femme de Dupleix. Quand l'aigle Garouda s'envole, il ne me reste plus rien à regarder de vivant.

Mais, me direz-vous, vous n'avez qu'à demeurer à l'étage, ou même au sommet de l'hôtel, sur la dernière terrasse. Là, pareil à Siméon le Stylite, vous vivrez exposé aux quatre vents du ciel, auxquels président Niroudi, Aguini, Yamen, et aussi Varounin, Vayou, Isanien, pour ne nommer que les principaux entre ces génies de l'air. Vous recevriez la pluie qui est un bienfait d'Indra, la pluie qui rafraîchit et dissipe, en Orient, la tristesse. — A cela, je vous répondrai que les ondées sont d'une extraordinaire rareté! Voici près de sept années que le Coromandel est privé d'eau. Depuis les mémorables inondations qui le ravagèrent, rompirent même les ponts de Pondichéry, c'est partout la sécheresse, la désolation, la famine. La misère est telle que les traitants trouvent à engager des milliers de coolies émigrants, pour Madagascar et autres lieux, à un prix exceptionnellement avantageux.

Je vous répondrai encore que je me suis logé au ras du sol pour que les indigènes puissent plus facilement accéder à mon logis et échapper au cordon de gardiens vigilants qui continue de m'entourer. Si je laissais faire, ces visiteurs deviendraient légion. Et le peu qui force l'entrée me trouble dans mes pacifiques travaux de laboratoire. Beaucoup, parmi ces Hindous, obéissent à la simple curiosité. C'est plaisir pour eux de fréquenter chez ce Français dont l'appartement ressemble à l'antre d'un nécromant. Les instruments de chasse et de pêche,

le matériel de préparation, les outils, les boîtes,
les étuis, sont autant d'objets qui les intriguent.
Le petit phare à acétylène dont la lumière
blanche sert à attirer les insectes nocturnes, les
intéresse particulièrement. Toute la ville en
parle. Et ces braves gens dissimulent à grand'-
peine leur dégoût devant ces dépouilles d'animaux, ces ossements qui pendent aux murs,
ces bocaux pleins de scorpions, de mille-pieds,
de crabes, de bêtes étranges dont ils ne soup-
çonnent point l'existence. Ces caisses grilla-
gées, où broutent des chenilles en élevage, leur
apparaissent comme le comble du ridicule.
Quant aux loupes, aux scalpels, aux réactifs, si
j'écoutais certains, je devrais leur faire des
conférences, des leçons, m'établir chef de travaux pratiques, ouvrir un cours... Je les con-
gédie avec des vagues promesses.

Les indigènes que je vois entrer avec le plus
de plaisir sont les hommes des champs. Ceux-là
m'apportent des animaux. Ils déballent sur la
natte du plancher le contenu de leurs corbeilles : des serpents s'échappent en sifflant,
les najas gonflent leur cou, l'élargissent en pa-
lette, se dressent, dardent leur langue, se balancent comme s'ils se livraient à une danse

sacrée. Des lézards, des agames, des scinques courent à toutes jambes, et il faut leur donner la chasse dans les coins. Le scandale, pour le grave Cheick-Iman, c'est quand je prends un crapaud entre mes doigts. Quant à Soupou, il se serre les tempes à pleines mains et trépigne de désespoir lorsqu'il me voit distribuer de l'argent à ces pourvoyeurs, troquer de belles, de bonnes, de respectables roupies contre des bêtes immondes : — « Puisque vous tenez tant à acheter, que ce soient plutôt des bijoux : l'or et l'argent valent toujours leur prix. Voulez-vous que je vous mène chez un orfèvre? — Mais, Soupou de mon âme, le Gouvernement m'a donné des fonds pour que je travaille à augmenter les collections du Museum. Il s'agit d'acheter des crustacés parasites, et non pas des joyaux. Voyez donc, Soupou, à me procurer de grandes langoustes et d'énormes tourteaux, je recherche des sacculines et des lernées. — C'est bien, Monsieur, vous en aurez ce soir, à votre dîner. — Non point, Soupou, je les désire vivants. » Alors, le petit homme noir, vêtu de mousseline blanche, disparaît, en se frottant le front. Je suis devenu fou, c'est certain.

Mes ramasseurs d'animaux ne m'apportent

que rarement des choses intéressantes. J'achète toujours, pour ne pas les décourager et pour les tenir en haleine. Car, même à prix d'argent, il est peu aisé d'obtenir des Hindous un travail quelconque. D'ailleurs, pour les récoltes zoologiques, je compte plutôt sur moi. Tous les matins, dès le lever du soleil, je cours les environs avec le capitaine Fouquet, l'officier d'ordonnance du Gouverneur. Un goût commun pour l'histoire naturelle nous a vite rendus amis.

Mais ce que je ne puis rechercher moi-même, ce sont ces petits bronzes, ces dieux de laiton, de pierre ou de bois, ces mille petits objets, vases, lampes, instruments du culte, monnaies, ustensiles, armes, que doit recueillir tout voyageur qui s'intéresse aux usages, à l'art, aux religions de l'Inde.

Aussi, c'est chez moi une procession d'Hindous qui viennent me livrer leurs divinités domestiques, leurs souvenirs de famille. Chacun a sa légende prête : « Cette lampe sacrée, Monsieur, enfouie par mon arrière-grand-père lors de la descente d'Hyder Ali, a été retrouvée, miraculeusement, au fond d'un puits par ma belle-sœur, avec ce petit Poulléar! » Et le chetty — car c'est tout bonnement un marchand du bazar — me tend d'un geste large, savamment calculé, un petit bronze. Le dieu à tête d'éléphant me sourit; à ses pieds est le géant Guedjamougasourin, sous la forme d'un rat. Comment ne pas se laisser tenter! Certainement le Poulléar n'est point ancien. Sans nul doute, sa patine provient d'une assez maladroite application de graisse chaude. Mais comment renvoyer cet Hindou grave et larmoyant qui, à l'entendre, est dans une misère tellement profonde, que sa femme, ses enfants, son père, sa mère, sans compter sa belle-sœur, et lui par surcroît, vont mourir d'inanition si je n'achète pas le Poulléar. Avec une demi-roupie, je sauve toute une famille. Et le chetty se retire, enchanté d'avoir trompé l'étranger. J'oubliais de vous dire que chacun de ces marchandages dure une grande heure. Aussi, pour économiser mon temps, me suis-je arrêté, depuis bien des années, au parti suivant : Je pose sur un coin de table la somme que je crois juste, et je continue de travailler, sans plus m'occuper du marchand. S'il prend l'argent et laisse l'objet, le marché est conclu.

Mais il n'en va pas toujours ainsi. Du nord

au sud de la Péninsule, abondent les Hindous obstinés. Je me rappelle un certain trafiquant de Kurrachi qui, jadis, laissa ainsi sur la table les roupies, et, à côté, les débris d'armure à miroir qu'il prétendait me céder à un prix léonin. Je partis pour Mascate et laissai à Kurrachi la pièce de mailles sans plus m'occuper de l'affaire. Trois mois après, je me trouvais à Mathéran, dans les environs de Bombay, lorsque je vis mon marchand avec son morceau d'armure. Il m'avait suivi à la piste, du Sind en Arabie, de l'Oman à Bombay, me manquant toujours de quelque vingt-quatre heures. Enfin il m'avait rejoint dans la montagne. Mon opiniâtreté valait la sienne, j'eus la maille rouillée au prix que j'avais fixé.

Mes plus nombreux visiteurs, à Pondichéry, sont ces solliciteurs convaincus que je jouis d'une influence sans limites. A les entendre, la moindre apostille, écrite sur une demande, fera obtenir au pétitionnaire un emploi grassement rémunéré. La soif des fonctions officielles sévit, chez les Hindous, au moins autant qu'en France, ce qui n'est pas peu dire. Ils grillent du désir d'être partie prenante au budget, d'avoir la vie assurée par des appointements et surtout par une retraite. Être payé pour ne rien faire, avoir des cartes de visite avec la mention : *commis retraité du service de...* ou *des...*, quelle perspective de félicités!... Être employé du gouvernement et porter un parapluie, — au temps passé, c'était une canne à pomme d'argent, — tel est le rêve de tout Hindou qui se respecte.

Il en est d'autres, enfin, qui me confient des copies levées dans leurs papiers de famille, m'inondent de mémoires justificatifs, appellent ma bienveillante attention sur des dettes que la France contracta envers eux sous le Directoire. Ils m'adjurent de rappeler ces créances, de leur faire rendre justice. Comment détromper ces quémandeurs? Comment les évincer sans crainte de tarir toute source de renseignements historiques? Puis-je recevoir les uns et fermer ma porte aux autres? Un Talleyrand ne se trouverait-il là à court de diplomatie? Pour moi, j'accueille tous, petits et grands, avec une pareille politesse.

L'Hindou tient beaucoup aux convenances extérieures. Vous vous l'attacherez mieux avec des égards, avec de l'eau bénite de cour, que par des services rendus sans grâce. C'est dans

l'Inde que notre adage « la manière de donner
vaut mieux que ce qu'on donne » est à mettre
en actions. Par ma patience à les écouter, j'ai
charmé plus d'un Hindou, sans doute, et certains m'ont favorisé d'admirables récits. Un,
entre autres, vaut par sa singularité. Il jette un
jour d'une parfaite clarté sur le caractère religieux de ce peuple, et sur la manière dont il
entend l'accomplissement des vœux. L'histoire
des pénitents de Maïlom m'a paru plaisante et
je vous la veux conter.

IV

PONDICHÉRY : Les pénitents du Mailom.

Pondichéry, 26 juin 1901.

... Voici donc la mésaventure de ces pénitents. Mais, tout d'abord, vous devrez remarquer que le bouddhisme n'a eu que peu de succès dans l'Inde, et cela, pour vous en donner une raison entre mille autres, à cause du peu d'importance que cette religion attache aux œuvres, si l'on prétend en tirer le salut. Et l'importance que les Hindous attribuent aux œuvres est énorme. Prenant toujours au pied de la lettre les préceptes de leurs vieilles lois, qui recommandent d'exercer la charité, les dévots se croient obligés d'offrir, de temps à autre, de vrais festins à une multitude d'indigents. Le caractère indien pousse tout vers l'ostentation. Une œuvre charitable ne vaut donc, à leurs yeux, que si le pays tout entier la connaît. Là donc, tout comme dans les mariages, c'est à qui se saignera aux quatres membres pour paraître. La concurrence pèse sur tous. Et l'on en est venu à payer les pauvres pour les décider à accepter l'aumône nourricière. Ce sont les obligés qui dictent la loi aux bienfaiteurs.

La grève des pauvres à la fête de Maïlom fut sans doute une revanche sociale. Ils se refusèrent à manger le repas que les pénitents avaient fait vœu de leur offrir. Les serviteurs des villages avaient pourtant tout préparé avec le plus grand soin. Le riz accommodé au mieux, le poisson épicé, le carry, le mouloukoutany, — c'est un bouillon de poule, poivré, et de la plus haute saveur, — toutes sortes de mets étaient là, disposés dans des jattes de cuivre, ou sur des assiettes en feuilles de nénufar, ce qui est la perfection du genre. Le couvert était mis sur le sol pour soixante personnes.

Vous vous imaginez peut-être que parmi les misérables, réunis là au nombre de plusieurs milliers, le pénitent, qui dressait le buffet, n'aurait que l'embarras du choix. Grande est votre erreur. Les affamés professionnels savaient que la quantité des pénitents aumôniers était considérable. Ils supputèrent donc les festins à consommer : cette fête de Maïlom réussissait, en effet, des centaines de pèlerins qui s'étaient engagés à nourrir — chacun pour une fois — de cinquante à soixante pauvres. L'offre, en un mot, dépassait la demande.

Insensibles aux montagnes de riz d'où montaient les vapeurs du gingembre, du coriandre, du tamarin, que sais-je encore ! — les indigents étaient là, assis en longues files, sur leur derrière, drapés avec dignité dans un semblant de pagne, ou même en l'état de complète nudité. Ils se seraient plutôt laissé mourir de faim que de toucher aux victuailles du pénitent qui ouvrait la série. Et celui-ci, désolé, voyant tout le bénéfice de ses offrandes s'envoler avec la fumée de ses plats, se décida à offrir aux pauvres récalcitrants une roupie par tête, pour qu'ils consentissent à se nourrir. Mais les jeûneurs par spéculation mirent leur estomac aux enchères. Le pénitent dut payer plusieurs roupies à chacun des dîneurs. Alors seulement ils condescendirent à manger. La manœuvre avait trop bien réussi pour ne pas continuer. Ce fut la ruine pour les dévots.

Un autre Hindou m'a affirmé qu'il n'en allait pas autrement de ses concitoyens convertis au christianisme. Une riche Indienne, catholique, ayant contracté le vœu de nourrir des pauvres à l'occasion de la fondation d'une chapelle qu'elle érigeait de ses deniers, dut payer une grosse somme au syndicat des pénitents du lieu afin de trouver qui s'assouvirait avec son riz. On a dit que jadis, dans la très vieille Inde, quand un créancier ne pouvait rien tirer de son débiteur, il s'installait devant la porte du mauvais payeur et dénonçait sa ferme intention de se laisser mourir de faim, sur la place, si on ne lui donnait pas satisfaction. On dit même que certains de ces harpagons hindous allèrent jusqu'à exécuter leur menace. Ils périrent d'inanition sur le seuil de leurs obligés, qui furent déshonorés pour jamais.

C'est Soupou qui me conte ce dernier trait, en soupirant sur la dureté des temps. Notre « pousse » — ainsi appelle-t-on, à Pondichéry, ces légères voitures que deux ou trois coolies poussent par derrière, tandis que l'on se dirige avec le guidon de l'avant-train — roule par les rues du Bazar. Ce Bazar est le seul point de la ville où règne un peu d'animation. Il fut construit en 1825 sur l'emplacement de l'ancienne église des Missions. Retenez bien, à ce propos, que presque rien, à Pondichéry, n'est antérieur au règne de Charles X. Tout, maisons, rues, avenues, monuments, fut élevé, percé, fondé à cette époque où la petite ville connut sa plus grande prospérité. Le gouvernement assurait l'ordre. Tout à la fois ferme et paternel, il faisait respecter les usages. C'est ainsi que le 17 juillet 1826, défense fut faite aux Indiens des deux sexes « chrétiens, maures, gentils ou parias » de prendre le costume des « topas, ou gens à chapeau » — ce sont les métis, les eurasiens des Anglais — et cela « sous peine de vingt-cinq coups de rotin et de vingt-cinq roupies d'amende ». Il est vrai que, le 24 du même mois, on réorganisait l'administration de bienfaisance et qu'on créait des ateliers de charité.

Autres temps, autres mœurs. Aujourd'hui, les Hindous de l'Inde française sont citoyens, tout comme nous, électeurs, éligibles et exemptés de la conscription. Ils peuvent porter des chapeaux, des jaquettes, des pantalons et des souliers. Aucun n'en use. Tous gardent le costume traditionnel, les pagnes, l'écharpe, le turban. C'est à peine si quelques-uns endossent un veston de surah ou de kaki, voire d'alpaga gris. Un vieux peuple dans une ville neuve, tel est le caractère de Pondichéry. On y chercherait en vain des choses anciennes. Le mobilier des maisons créoles, en vilain acajou, présente les vestiges de ce luxe bourgeois qui fut l'honneur de la France à l'époque de Louis-Philippe. Je n'ai jamais vu un meuble, un objet antérieur à ce règne. Seules les gravures de l'hôtel Soupou, pour tout dire, datent pour l'histoire archéologique du Pondichéry européen.

C'est à peine si, parmi quelques anciennes bâtisses, il convient de citer la petite pagode de Ganéça dont la curieuse façade se voit dans la rue d'Orléans. Celle-là date sans doute des premières années du xvii° siècle; en tout cas elle serait antérieure à la fondation de la ville elle-même, si l'on en croit les traditions.

Nous passons devant des changeurs; ils nous proposent des monnaies datant pour le moins de l'invasion macédonienne. Les marchands de cuivres m'offrent des dieux, des lampes, des trépieds, des réchauds. En voici un qui, serrant sur son cœur une déesse de bronze, prétend nous distancer à la course. « Achetez! Achetez! » Voilà l'unique refrain. Jamais, paraît-il, les affaires n'ont été aussi mauvaises. Nous passons. Voici la petite fontaine à vasque anguleuse. Filles et femmes se pressent autour de l'eau jaillissante avec leurs grandes pannelles de cuivre. Le vase est si lourd, une fois plein, que ce n'est pas trop de deux voisines pour aider la Rébecca pondichérienne à le charger sur sa tête. Puis elle s'en va, ferme sur ses hanches; un bras gracieusement arrondi soutient le gros vaisseau de cuivre qui luit aux feux du couchant.

Il est cinq heures du soir. Le soleil décline à l'horizon. La vie reprend, dans ces rues jusqu'à cette heure à peu près désertes. Les portes à bossettes de fer s'ouvrent, chacun sort de sa maison, va, vient, vaque aux emplettes. Les draperies bariolées des femmes tranchent dans cette foule d'hommes noirs, uniformément vêtus de blanc. Des petites filles, le buste nu, les reins ceints du long jupon plissé, évasé du bas, qui est la robe d'intérieur, filent comme des rats le long des boutiques. Certaines por-

tent un marmot, presque aussi gros qu'elles, et
nu comme un ver, à califourchon sur la hanche.
Les yeux de gazelle brillent, mangeant la face
brune, toujours chargée de bijoux, de ces fillettes qui sont déjà de petites femmes. Toutes
ont des mines soupçonneuses et sournoises,
leur démarche est pleine d'une grâce ingénue
et barbare. Certaines mordent dans un fruit
avec des grimaces de singe, leurs gestes sont
souples comme ceux des chats.

Quand nous prenons une ruelle étroite, la
fuite éparpille ces filles devant le pousse, tel un
essaim de papillons diaprés qui s'envolerait
d'un buisson. Leurs ancêtres ne devaient point
s'enfuir d'une plus vive allure quand arrivaient
les Mahrattes. Celles qui n'ont pu s'esquiver,
faute d'issue, se blottissent contre un mur, avec
des regards épouvantés de bête forcée et des cris
de détresse, comme si leur dernière heure était
venue, pour le moins. La vue de Soupou ne
réussit pas à calmer leur terreur. J'offre de la
menue monnaie d'argent à ces effrayées. Vaine
manœuvre! Elles se cachent le visage et poussent des hurlements lamentables, je vois leurs
larmes dévaler en cascades de perles, à travers
leurs doigts, inondant les rosaces d'or qui char-

gent leurs narines frémissantes. L'enfant, toujours à califourchon, se cramponne au cou de
la porteuse. Pareil à un petit saint Jean de terre
cuite, parfois à une grenouille, il ouvre démesurément une bouche muette d'angoisse. Je
suis décidément mal vu. On refuse mes présents. Je renonce à apprivoiser cette engeance.
J'interroge Soupou. Sa réponse est invariable :
« Que voulez-vous, monsieur, ça ne sait pas. »

Et il parle à ces fillettes — pour les rassurer,
je pense — d'un accent tellement sec, qu'elles
demeurent atterrées, jusqu'à ce que la place
leur devienne suffisante pour s'enfuir. A la vérité, je crois que Soupou, pareil en cela à ses
compatriotes, est jaloux de toute la population
féminine de Pondichéry. Il voudrait me servir
de guide, me promener sans que je puisse rien
voir. La vue des marchands de cotonnades, de
riz, de grains, qui bâillent, assis en tailleur sur
leurs étaux, entourés d'oisifs non moins considérables, doit me suffire. Si j'ai le malheur
de lui dire : — Regardez donc, Soupou, la
jolie créature en corset noir, oui, là, à droite,
qui a de si beaux bras, là, devant les verroteries !...

Soupou Krichnassamy tourne aussitôt la tête

vers la gauche, avec un air gêné, qui donnerait
à croire que je lui tiens des propos déshonnêtes.
Cependant Soupou ne cesse de me vanter les
mérites et les vertus de sa femme. Chaque matin, il me dit : « Si elle n'était pas en pèlerinage
à Madras, je vous aurais mené chez elle. Mais
vous la verrez demain. » Ce jeu dure depuis
bientôt deux mois. La femme de Soupou ne
revient jamais.

Mais, chose admirable, voici justement Soupou qui rentre de lui-même dans ce sujet :

« Il y a chez ce marchand de beaux pagnes.
Voulez-vous les voir ? Ce sont ceux-là dont ma
femme vous a parlé. »

Du coup, je lève la main qui tient le guidon
du pousse. Les coolies continuant de courir,
notre véhicule, sans direction, va donner dans
une grosse femelle de buffle. Les flancs de la
bête, plus ventrus qu'une barrique, résonnent.
Le bufflon qu'elle allaite, est serré contre un
mur. Un moment je crains que la mère ne nous
envoie dans les airs d'un coup de ses immenses
cornes arquées. Il n'en est rien. La bufflonne
s'en va, secouant son nez où est passé un
anneau de fer. Son fils trotte lourdement derrière, et Soupou continue son histoire. Sa

femme avait dû me dire où se fabriquaient les
plus beaux bracelets. Il précise : « Mais d'ailleurs vous le savez bien. Elle vous a dit avant-
hier... Comment, vous ne l'avez jamais vue !...
Ce n'est pas possible[*]. »

---

[*] Je dois dire que j'ai quitté Pondichéry et l'Inde, cinq
mois après cet entretien, sans avoir jamais eu l'avantage de
voir Mme Soupou Krichnassamy.

V

PONDICHÉRY : La maison d'Ananda-Rangapillei.

Pondichéry, 28 juin 1901.

J'ai visité hier les deux maisons indiennes de Pondichéry qui passent pour les plus vénérables et par leur ancienneté et par l'importance des hommes qui y vécurent au temps de Dupleix. Ce sont celles d'Ananda-Rangapillei et d'Apa-Poullé.

Ananda-Rangapillei, de son vivant courtier de la compagnie française des Indes, chef des Malabars de Pondichéry, mansubdar de trois mille chevaux, commandant du fort et du district de Chinglepettou, compte parmi les personnages les plus considérables dans le drame court et brillant de notre domination précaire en Inde. Il naquit à Madras au mois de mars 1709 et mourut à Pondichéry le 11 janvier 1761. Pendant quinze ans, il avait été le *Diwan* de Dupleix, son agent le plus écouté.

La charge seule de mansoubdar (commandant en chef) de trois mille chevaux, valait, au temps des Empereurs de Delhi, plus de deux cent mille roupies de traitement annuel. Le titre de courtier de la Compagnie valait encore davantage. Son titulaire occupait la première place après le Gouverneur français. Il suffit de parcourir les volumineux mémoires laissés par Ananda-Rangapillei, conservés avec soin à Pondichéry, par M. Gallois Montbrun, pour se faire une idée des bénéfices que pouvait rapporter cette position. Dans cette Inde où tout se vendait à l'encan, où tout se vend encore aujourd'hui, de manière plus déguisée, peut-être, il est certain que notre Hindou profita, dans la mesure du raisonnable, des exactions de Dupleix, et surtout de celles de sa femme dont la cupidité est demeurée légendaire.

On sait que Dupleix se faisait compter des sommes considérables pour rendre des décisions favorables dans les affaires de succession. En 1746 il reçoit ainsi cent mille huit cents francs, pour n'en citer qu'un exemple. Si sa présence à un mariage indigène lui était payée deux mille cinq cents francs, — ce temps heureux n'est plus, hélas! — Ananda-Rangapillei, plus modeste, se contentait du dixième.

C'est en lisant les mémoires inédits d'Ananda — et j'en fais traduire sans cesse des passages — que l'on apprend à connaître Dupleix. Si le politique demeure intéressant à étudier, l'homme privé apparaît sous des espèces misérables. Son orgueil exaspéré, monstrueux, puéril, est celui des comédiens les plus réputés. Les flatteries les plus grossières, les plus basses, sont celles-là mêmes qui le touchent au plus profond. Qu'on le compare à Louis XIV, il sourit avec condescendance, sans sourciller. Vous connaissez son avidité. N'oubliez pas, cependant, qu'il fut homme de son temps, de ce temps, où les manieurs d'argent ne distinguaient point entre leur épargne personnelle et les deniers de l'Administration. Sans doute Dupleix fit dans l'Inde une fortune énorme. Mais il quitta cette Inde aussi pauvre qu'il y était entré. En la seule année 1754, il avait consacré treize millions et demi de son avoir à l'établissement de notre domination.

Aussi bien est-il, sinon impossible, du moins fort difficile de juger un homme d'aussi grande espèce, avec nos scrupules modernes et notre esprit d'ordre, méticuleux et tracassier, bureaucratique, qui rend impossible toute entreprise aventureuse. Quand bien même il devrait y avoir au bout un avantage majeur pour la patrie, la société ne permet plus à l'activité individuelle de se développer sans son concours, sans son contrôle, pour mieux dire. Elle condamne l'homme indépendant à voler avec des ailes de plomb. Et c'est là un des grands malheurs de notre temps. L'esprit d'examen, toujours timoré, envieux et médiocre, a tué l'action. La collectivité prétend dicter partout sa loi à l'individu; capable tout au plus d'exercer une surveillance, elle est impropre à l'action par laquelle seule on devient grand en ce monde. *Primum vivere, deinde philosophari!* — De tous temps l'Inde a philosophé avec ses dieux et ses brahmes; de tous temps elle a subi le joug de maîtres sans frein. Ayant préféré le livre à l'arme, l'idée au fait, elle s'est laissé dicter la loi par l'épée.

La vie d'Ananda est remplie par l'éphémère
suprématie des Français dans l'Inde, suprématie que des rêveurs prétendirent établir sans la
force, comme si la conquête par les armes n'é-
tait pas la fin nécessaire de toute entreprise
coloniale. Il naît lorsque la France commence
à s'établir dans le Coromandel et le Carnatic en
y fondant des comptoirs; il meurt quatre jours
avant la démolition de Pondichéry par les Anglais. Sa maison, dans cette ruine, fut cependant respectée, si l'on en croit les témoignages
de la famille. Je ne saurais, à vrai dire, m'en
porter garant. Les maisons hindoues, dans le
sud de l'Inde, semblables en cela aux pagodes
et aux forteresses, ne présentent aucun caractère particulier qui permette de les dâter avec
certitude. Celles qui, par grand hasard, sont
ornées de sculptures, ont été souvent compo-
sées de pièces et de morceaux empruntés aux
édifices beaucoup plus anciens. Il faut aussi
compter avec les exagérations des historiens,
toujours mal renseignés ou infidèles par système. Tenez pour certain que le fameux sac de
Pondichéry par les Anglais, en 1761, en cela
pareil à la plupart des sacs, ne s'étendit que sur
une faible partie de la ville. Les descendants

d'Ananda affirment que la perte se réduisit à la démolition des fortifications et de cent quatre maisons européennes dont l'ensemble constituait le comptoir. Aux réclamations des propriétaires, la Compagnie aurait objecté que le million, qu'on lui réclamait pour la réédification de ces immeubles, ne devait pas être payé aux impétrants, parce que « *la plupart ont été bâtis par vols et rapines qu'on lui a faits. Les mêmes propriétaires sont en état de les rebâtir. Quant aux maisons des noirs qui ont souffert, l'emplacement qu'elles occupent en fait tout le prix... etc.* » Je vous cite le texte même de la note conservée dans la famille du fameux courtier.

Sa maison, ainsi que toutes celles des Indiens anciens et modernes, est établie sur le type classique en Orient. Une cour rectangulaire occupe le milieu. Tout autour courent les galeries sur lesquelles s'ouvrent les chambres. Au fond de la cour, en face de l'entrée, est la porte des appartements privés, où nul profane ne pénètre. Peu ou point de jours sur le dehors, et encore sont-ils défendus par des grilles à petites mailles, aveuglés par des volets de bois pleins, des moucharabis, des persiennes à lames serrées. L'air et la lumière viennent de l'espace central, de l'*atrium,* pour employer l'expression des architectes latins. Les piliers qui soutiennent les corbeaux des galeries présentent leurs chapiteaux en T, suivant les traditions de l'Assyrie et de la Perse. Certains sont assez finement sculptés, tout comme le cadre de la porte extérieure. Aux murs, blanchis à la chaux, sont suspendues des peintures contemporaines de Louis XV. Voici le portrait d'Ananda lui-même, en costume de cérémonie. Au cimeterre près qui garnit sa ceinture, le Diwan de Dupleix est vêtu comme le marié, beau-frère de Naranyassamy, dont je vous parlais récemment : même turban, même tunique blanche. Sa physionomie est lourde, grave et sournoise. On sent tout ce que ce gros homme devait posséder de dissimulation, de prudence humaine, comme on dit. Autour de lui s'alignent les parents, les descendants, les alliés, les amis, pareillement vêtus de blanc. Et c'est tout ce qu'il y a à voir dans ce logis où les meubles manquent. Quelques consoles en bois de shisham, repercé, ciselé, ouvrages de Bombay tels qu'on en fabrique encore, supportent des statuettes peintes. La confection de ces petits objets est encore au-

jourd'hui une branche du commerce pondichérien. Mais les figurines que je vois là ont, pareilles en cela à toutes les œuvres bien exécutées, gagné avec le temps. Les couleurs tranchées ont pris sous le vernis des teintes chaudes
et profondes qui rendent l'ensemble harmo-
nieux, lui retirant cette allure d'objets frais et
luisants, sentant la pacotille, le bazar, qui nuit
tant aux poupées neuves des mouchys. Dans
les objets anciens les proportions sont meilleures; les jambes ne sont pas ridiculement
écourtées; les pagnes, toujours talaires,
tombent naturellement, et leurs plis ont du
mouvement.

VI

PONDICHÉRY : L'art et les artistes.

Je fais la même remarque en visitant l'habitation d'Apapoullé, autre Hindou de marque au temps de Dupleix. Pour être d'une qualité de bois plus médiocre, les chapiteaux des piliers valent par la beauté des sculptures. Des petits cavaliers s'enlèvent sur leurs chevaux cabrés, les éléphants rappellent, par leur modelé hardi, les types classiques des temples de Sriringam. C'est dans cette vieille maison, aussi vide que celle d'Ananda, — car les Hindous, aujourd'hui comme jadis, n'usent guère de nos meubles, — que j'ai vu les meilleures entre toutes ces peintures sur verre que l'on exécute

encore à Pondichéry, et qui sont des images de
piété. Je croirais volontiers que les mouchys
du XVIIIe siècle ne firent que copier le procédé
de ces verres « églomisés » alors si fort à la
mode en France. Vous savez que le terme
« églomisé » est moins ancien que la chose; il
date du commencement du XIXe siècle, au moins
dans le langage courant. On s'en servit pour
définir ces verres peints et dorés à l'envers,
dont, au temps de Louis XV, l'encadreur et
expert Glomy s'était constitué spécialiste. Les
mouchys — c'est-à-dire les peintres sculpteurs
hindous — en ont exécuté de magnifiques. Par
la complexité des sujets, le nombre des personnages, la variété des couleurs, la naïveté subtile
des perspectives, ces compositions rappellent
les panneaux des primitifs italiens. C'est le
même parti décoratif, la même façon d'étager
les figures sur un seul plan, en graduant les
grandeurs, surtout d'après l'importance des
personnes. Les divinités pouraniques y sont
toujours représentées avec leurs satellites, leurs
troupes d'animaux sacrés, singes, éléphants,
chevaux, bœufs, leurs adorateurs.

La maison d'Apapoullé possède une collection de ces peintures, et certaines sont de di-

mensions telles qu'on n'en a, je crois, jamais
vu. Mesurant près d'un mètre carré, ces vitres,
ainsi décorées, contiennent plusieurs centaines
de personnages, tous fidèlement et élégamment
traités. Au paon de Soubramanyé, il ne manque
pas un ocelle; on compterait les perles du collier de Latchmi, les houppes de la crinière des
chevaux, les barbes de l'empenne des flèches
qui garnissent le carquois de Rama. Vainqueur,
celui-ci est adoré par Anoumam et sa légion de
singes verts, à face rouge, revêtus de tuniques
dorées, ou simplement munis de petits caleçons
blancs; ce sont Çiva et Parvati repésentés avec
la face noire, Soubramanyé entre ses deux
femmes, Déivané la verte, Véliammin la blanche,
qui ne se fatiguent point de le fixer avec amour
tout en humant les parfums de la fleur du lotus.
Le brillant tout à la fois chaud et éteint des
vieux ors qui chargent les fonds, ou s'épa-
nouissent en fleurons, en gerbes sur les surfaces de cendre bleue ou de sinople, sertit les
surfaces jaune paille, turquoise, grenat, aigue-
marine, violet d'améthyste, ainsi que les cloi-
sons d'un émail. Les parties claires sont ombrées de rose, de lilas, de gris bleuâtre, de roux
passé, par teintes plates, artistement graduées.

L'impassibilité sereine de la face des Immortels, figée dans un sourire éternel, s'exagère par le mouvement furieux des cavalcades, la poussée des foules, symbolisant la vanité des agitations du monde qui viennent mourir au pied de l'autel des dieux.

Quelle différence avec les tableautins qu'on trouve aujourd'hui chez les mouchys du bazar. Avec Soupou, j'ai visité leurs boutiques, pénétré dans l'atelier des sculpteurs qui modèlent ces délicates figurines de terre dont certaines valent en grâce ingénue et fière les œuvres des choroplastes de Tanagra et Myrina. On a reproché amèrement à l'art indien son « grossier sensualisme ». Ce reproche me paraît revenir bien fréquemment sous la plume de la critique piétiste d'Outre-Manche. Je vous demanderai la permission d'en juger autrement. Les bayadères des deux meilleurs artistes de Pondichéry, Vaïtilingam et C. Apoupatar, sont d'ailleurs exécutées d'après les canons anciens des sculpteurs anglais. Il suffit de compter le nombre de têtes. Jamais l'art indien n'a donné de telles proportions en hauteur à ses créations originales.

Cossopaléom est un petit bourg voisin de Pondichéry. Son nom indique que ses habi-

tants sont des potiers (Cossowers). Cossopaléom est bâti sur une loupe d'argile; malgré la
sécheresse du pays, on marche ici dans une
boue rougeâtre. La matière première ne menace
pas de faire défaut. Partout ce sont des amas de
briques, des roues couchées sur le sol; des tas
de tessons, de vases manqués, se dressent au
voisinage des fours. Assis dans la cour de sa
maison, au milieu de ses ouvriers, voici
C. Apoupatar à l'œuvre. Il faut marcher avec
d'infinies précautions pour ne pas écraser les
dieux, les génies, les déesses, les mariés, les
petites vaches, les chevaux, les éléphants et les
édicules à arcades ajourées; tout cela gît sur le
carreau. Parmi les sébilles pleines de peinture
à la colle, les ébauchoirs, les pots de vernis, les
enfants du patron courent, tout nus. On croirait que quelques-unes des images en terre
cuite ont pris subitement le souffle de la vie.
Des femmes s'enfuient, dans des claquements
de porte, avec des bruissements d'anneaux, des
rires étouffés.

Quel plaisir de fuir là le brûlant soleil du
dehors, de se reposer à l'ombre en regardant
ces braves gens travailler. Poussant à l'excès
les principes de la division du travail, ils se

partagent la besogne de la façon la plus singulière. En voici un, petit, borgne, qui modèle
seulement des bras et des mains. Il les fait de
toutes sortes, étendus, repliés, arrondis, la
main ouverte, levée, fermée, nus ou chargés de
bracelets, d'anneaux à pendeloques. Ce grand,
sec, adossé à un pilier, façonne des petites têtes
fichées au bout d'un mandrin. Il crée des chefs
d'hommes, de femmes, d'enfants, de dieux, des
mufles de bêtes. Il tient en ce moment une tête
d'éléphant. Celle-là servira indifféremment au
monstre à quatre pieds ou au dieu Ganéça qui,
comme chacun sait, possède une tête d'éléphant
et eut une de ses défenses brisée en combattant
victorieusement, c'est certain, le géant Gued-
jamangasourin. Tel autre pétrit seulement des
torses, tel autre des jambes. Et un autre
assemble toutes les parties. Une fois finie, la
pièce est cuite au four, puis peinte à la détrempe, et enfin on la vernit. C'est par là seulement que les potiers font œuvre de mouchys.

Ceux-ci, en effet, n'exécutent leurs statuettes
qu'en bois et en pâte. Jadis tous ces petits com-
merces étaient extrêmement florissants. Non,
contents d'inonder l'Inde entière de leurs pro-

duits justement réputés et supérieurs aux poupées du Bengale, habillées d'étoffes, les artistes
pondichériens avaient une clientèle européenne
assez étendue. Leur négoce allait jusqu'aux îles
Mascareignes, où l'on estimait beaucoup tous
ces mignons bibelots. Les capitaines au long
cours se chargeaient du transport. Aujourd'hui,
ainsi que je vous l'ai expliqué, tout cela est
mort. — Cependant G. Apoupatar ne chôme
pas, à en juger par la profusion d'objets qui
garnissent toutes les chambres du rez-de-
chaussée. On y respire une atmosphère de
résines, de baumes, d'essences, dont la chaleur
étouffante exagère les âcres parfums. Les parti-
cules d'or en feuilles voltigent au-dessus des
figurines qui forment des bataillons épais où les
vierges chrétiennes, les Saint-Joseph, les Bons
Pasteurs, coudoient les divinités brahmaniques,
les radjahs, les princesses musulmanes, les
bayadères et les brahmes enluminés, tous relui-
sant de vernis. Et la neige d'or voltige, s'abat
dans les plats de terre où s'accumulent les fruits
indigènes, bananes, mangues, ananas, modelés
en argile, peints au naturel par ces artistes hindous continuateurs de notre vieux Palissy.
C'est encore là une branche de commerce de

C. Apoupatar. Il vend, paraît-il, dans le pays même, ces simulacres de dessert, avec beaucoup de succès ; avec plus de succès, même, que toutes ces petites figurines dont il fait défiler les types sous mes yeux. Toute l'Inde dravidienne y est fidèlement reproduite avec ses castes, ses catégories, ses métiers.

Voici le *Kourouricarin* et sa femme, chasseurs d'oiseaux, coureurs de brousse, tenant chacun une pièce de menu gibier. Voici le *Daubi*, le blanchisseur, qui porte son linge sur le dos, en un gros paquet dont la bride lui ceint le front, et sa compagne qui a sa grosse pannelle de terre rouge sur la tête. Voici la femme du laboureur, du *Retty*, avec son chignon casqué d'or, à la mode ancienne. Le *Pion*, plein de son importance, est pris dans sa tunique serrée à la taille, et il fait montre du parapluie, insigne de condition supérieure. Le guerrier, le *Tchatria*, brandit son cimeterre de la main droite et oppose, de la gauche, sa rondelle de poing à un invisible ennemi. Le brahme, de couleur claire, chargé d'embonpoint, à demi-nu sous ses mousselines blanches, a son front dégarni au rasoir, timbré des lignes multicolores en l'honneur de ses dieux. Le musicien musulman, à longue barbe, de long vêtu, chaussé de babouches, a son luth dressé sous le bras. La chanteuse qu'il accompagne est enveloppée dans ses voiles de crêpe peint. La diseuse de chansons lève un doigt comme qui détaille un monologue nuancé. Une bayadère, les poings sur ses hanches évasées, amble, les jarrets à demi-pliés, la retombée de ses pagnes élargie en queue de paon effleure la terre. Une autre danse mollement, et ses aplombs sont gardés dans le parfait équilibre ; on croirait qu'elle va bondir et s'élancer de son socle. Tous les gestes sont naïfs, naturels, sincères ; tous les caractères observés. Les chairs, les cheveux, les tissus, les bijoux, sont peints au naturel. Tout vit, tout vibre, tout luit, dans l'éclat de la peinture, des ors, des émaux diaprés. Les yeux brillent avec une expression malicieuse, les bouches minuscules font la moue, ricanent, sourient par l'artifice de petites touches de carmin bien placées. Les plis des chairs sont accentués par le rose, ceux des étoffes par des rehauts, des lumières, des ombres, où les tons gardent toujours leur valeur, et les ornements suivent le mouvement avec une ingénieuse fidélité. Tout est en proportion, en harmonie, à sa place.

Et chacune de ces statuettes ne vaut que quelques centimes. Pour une faible somme on peut se composer une galerie ethnographique telle que n'en possède aucun de nos musées. Quant au panthéon brahmanique, il est là au grand complet. Pas un dieu, un génie, une manifestation, une incarnation divine qui ne soit matière à figurine ou à groupe. Assise sur son trône entre deux éléphants, la radieuse Latchmi est aspergée par eux de parfums à bout de trompes. Rama avec son arc, Sita calme et sereine, Latchoumana recueilli, le bon singe Anouman, tout vert, dans son petit caleçon blanc d'où s'échappe sa longue queue qui balaye le sol, Çiva, Vishnou, Virapatrin, Kali, que sais-je encore, se dressent devant moi avec tous leurs emblèmes compliqués. La bonne déesse Sarasvati, fille de Brahma, celle que les mères invoquent pour que leurs enfants puissent parler, est là, sous une arcade à jours et à festons. De ses quatre mains elle pince les cordes de son grand colachon, en touche le clavier, agite les clochettes dont le son règle la mesure. Devant son image, un orchestre de brahmes musiciens, assis en tailleur, le torse nu, s'évertue avec le violon, le théorbe, le tambourin, la flûte, les crotales, le triangle. Je renonce à énumérer les avatars de Vishnou.

Quant à Krichna, ses aventures galantes sont autant de motifs à sujets gracieux et badins. Que, les baguettes aux mains, il mène la danse sacrée du *Kolaton,* où quatre couples évoluent entre-choquant leurs petites verges de bois, qu'il nargue du haut de son arbre les bergères *(govastris)* au bain dont il a volé les voiles, qu'il trône majestueusement, enfoui sous des guirlandes de roses, assis sur un trône dont le serpent à sept têtes forme le dais, ses traits sont toujours ceux de cet adolescent bouffi qu'adore tendrement l'Inde. C'est l'enfant prodigue, le mauvais sujet, le préféré des croyants.

Le voici encore, cet Adonis hindou. L'artiste nous le montre sous les espèces pastorales. Tel Apollon gardant les troupeaux d'Amète, il se tient nonchalamment appuyé contre un arbre, et tire de sa flûte en roseau les accords les plus langoureux. Une vache blanche lui lèche tendrement le talon ; elle semble beugler doucement. Les *govastris* l'entourent, le couvrent de leurs regards amoureux.

Mais ne comptez point que je vous fasse le récit des amours de ce dieu libertin, moderne et lascif avatar de Vishnou qui apparut dans l'Inde il y a quatre siècles, peut-être, pour y faire la fortune scandaleuse que vous savez. C'est assez, c'est trop d'avoir encouru déjà le reproche de trop chérir l'art indien et « son sensualisme grossier, vraiment choquant », pour ne pas tomber encore dans cette erreur de magnifier les légendes auxquelles ce sensualisme donne un corps.

C. Apoupatar a bien voulu me promettre une série de ses œuvres. Mais je ne l'aurai pas avant deux mois, tant il se donne pour accablé de besogne. Alors je me suis rendu chez le fameux Vaïtilingam. C'est à peine si le Phidias local consent à poser son ébauchoir pour me montrer la Parvati qu'il achève. Ce Vaïtilingam est un maître, et il ne travaille que sur commande. Ses figures de femme sont posées, campées, drapées avec une gracieuse sévérité qui enchante. Sa science du modelé dans les nus est considérable. Sa connaissance des aplombs, de la compensation des masses, des proportions, des attaches, indique une initiation occidentale. Ce que son art a perdu en naïve originalité, il l'a retrouvé en correction. Pour tout dire, c'est un excellent artiste. — Mais ses œuvres ne courent point les rues. Exécutant lui-même, il produit peu. Faut-il donc s'y prendre à l'avance pour en obtenir une statuette !

Je dois vous parler aussi des sculpteurs sur bois. Depuis des semaines, j'en ai là quatre, installés à l'hôtel dans une salle basse, où ils s'escriment du ciseau et de la gouge sur des panneaux en bois de bitte, afin de représenter les grandes divinités en bas relief. Mais, pour une raison ou une autre, mon équipe de statuaires se disperse. Et comme ils demandent toujours des avances, comme un créancier menace sans cesse de les faire mettre en prison, je crains bien d'en être pour mon argent et de ne jamais voir Çiva et Parvati, Vishnou et Latchmi, Krichna et sa préférée Rada, Soubramanyé avec ses deux épouses...

VII

PONDICHÉRY : Le tandou Sandirapoullé.

Pondichéry, 30 juin 1901.

Le pion Cheick Iman m'a remis l'autre matin trois cartes de visite. Sur la première s'alignent les titres honorifiques de T. A. Sandirapoullé : *Président honoraire du Comité consultatif de jurisprudence indienne — chevalier de la Légion d'honneur — officier d'Académie — Médaille d'or de 1re classe — Canne à pomme d'or.*

Cette dernière dignité me permet de reconnaître Sandirapoullé, mieux que son nom, oublié par moi depuis longtemps. Est-il possible qu'il soit encore vivant, ce petit vieux basané, au nez chaussé de lunettes d'argent, que l'on nous montrait, il y a vingt ans, dans les rues de Pondichéry, comme un personnage légendaire. Gravement, il s'avançait à pas comptés, s'appuyant sur cette haute canne à grosse pomme d'or, léguée par son arrière-grand-père Ramalinga. Et l'histoire de cette canne est tellement glorieuse que personne ne s'avisait de trouver le vieux Sandirapoullé ridicule, malgré son turban dressé en façon de tour et son extraordinaire jupon plissé, en mousseline blanche, qui par son épanouissement nuageux rappelait un gigantesque tutu de danseuse.

Sandirapoullé est bien vivant; à telles enseignes qu'il m'adresse une invitation pour ce soir. Il donne une grande soirée où dansera, devant un public choisi, la plus renommée des bayadères de Tanjore. Sandirapoullé, vu son grand âge, — il a dépassé quatre-vingts ans et est aux trois quarts aveugle, — s'excuse, par l'organe de ses fils, de ne pas venir en personne. Les deux fils sont là, qui attendent. Comment ne point les recevoir! L'un se nomme Tandou Sandira Souprayapoullé; l'autre Tandou Sandira Ramalingapoullé. Tous deux exercent la profession de « rentier », ainsi qu'il est écrit sur leurs cartes, et demeurent rue des Vellajas, dans la ville Noire. Les fils de Sandirapoullé « canne à pomme d'or » m'ont conté par le menu l'histoire de leur illustre ancêtre Ramalinga; ils m'ont remis un mémoire justificatif avec pièces à l'appui. Je crois maintenant connaître le fond de cette affaire Ramalinga qui, commencée sous le règne de Louis XV, ne prit sa fin qu'au commencement du siècle dernier, bien après la mort de l'intéressé, si tant est qu'on puisse considérer comme une fin l'allocation annuelle de quatre mille francs que sert le gouvernement français aux descendants de ce Ramalinga qui nous fit bénévolement crédit de plusieurs millions, et en demeura à découvert. Ses héritiers continuent aujourd'hui, sans se décourager, leurs démarches, dans l'espoir chimérique que la France consentira à liquider sa dette. Je n'ai pas réussi à leur prouver l'inanité de leurs espérances, même en leur citant la phrase fameuse d'un grand homme d'État : « Malheur aux nations reconnaissantes. »

Ramalinga comptait parmi les Hindous notables de Pondichéry à cette triste époque où le comte de Lally-Tollendal s'épuisait à lutter contre l'activité des Anglais, la lâcheté de l'entourage de Louis XV, la perfidie à peine voilée des agents de la Compagnie française à Pondichéry, et la sournoise mauvaise volonté de ses propres troupes. De celles-ci, d'ailleurs, la solde n'était que rarement payée, et chaque jour elles menaçaient de se révolter et de piller la ville de Pondichéry, où le faste insolent des traitants de l'école de Dupleix prouvait aux gens de guerre manquant de pain que, suivant l'expression vulgaire, « l'argent n'était pas perdu pour tout le monde ».

Une légende veut que les derniers paquets de mitraille, tirés en 1761 par les défenseurs de Pondichéry, aient été des pagodes d'or et des roupies d'argent. Comme les projectiles manquaient, un Hindou serait venu trouver le comte de Lally-Tollendal, avec un chariot plein d'espèces monnayées, et le pria de s'en servir pour charger ses canons. On a même écrit que les chirurgiens de l'armée auraient trouvé, dans les plaies de leurs blessés, des monnaies au lieu de morceaux de fer et de plomb. C'était confondre la chose avec l'idée, si l'on peut dire, et donner un corps à une simple métaphore. S'il est vrai que les derniers coups de canon furent tirés avec l'argent de Ramalinga, rien ne l'est moins que de soutenir que ces canons furent chargés avec cet argent.

En cette circonstance comme dans les autres, Ramalinga mit toutes ses ressources au service du général en chef des armées du roi à Pondichéry. Dès le 28 avril 1758 Lally-Tollendal était entré en relations avec Ramalinga. Il s'agissait de ravitailler le corps français occupé à assiéger les Anglais dans le port Saint-David, après la prise de Goudelour. Ce corps manquait non seulement d'argent, mais encore de vivres à tel point qu'on craignait de voir les hommes affamés se mutiner et se débander. Les membres du Conseil de la Compagnie des Indes avaient inauguré la politique d'obstruction qu'ils ne cessèrent de suivre en dilapidant les sommes affectées à la guerre, et se refusant à fournir les subsistances, les transports, voire l'artillerie, sous prétexte que le numéraire manquait. Ainsi les pires ennemis de Lally ne furent point les Anglais, mais bien ces Français mêmes qu'il avaient charge de défendre... Passons!...

Et, cependant, je ne puis m'empêcher de songer à cette iniquité. J'ai consacré de longues heures, dans la paisible bibliothèque de Pondichéry, avec mon vieil ami Bourgoin qui l'administre soigneusement, à feuilleter les registres des délibérations de la Compagnie. Partout j'ai trouvé les preuves du mauvais vouloir qui accompagne l'infortuné Lally depuis son arrivée dans l'Inde jusqu'à son odieuse condamnation, suffisante pour déshonorer un règne...

Le comte de Lally-Tollendal fit donc mander Ramalinga aux premières heures du matin et, par les promesses les plus flatteuses, il le décida à ravitailler le corps assiégeant. Ramalinga ne perdit pas un instant. Bien qu'une distance de quatre lieues séparât le fort Saint-David de Pondichéry, avant midi les troupes françaises pouvaient faire un repas suffisant. Pour reconnaître ce service, Lally nomma, le jour même, Ramalinga *Aroumbatté,* c'est à dire fournisseur en chef des armées françaises. C'était là une charge plutôt onéreuse, car la Compagnie était dans l'impossibilité matérielle de solder un seul de ses créanciers. La confiance traditionnelle des Hindous envers la Compagnie, dont la sage administration et l'honnêteté des Martin et des Dumas fonda le crédit, avait été trop rudement ébranlée par les dilapidations de Dupleix et les malversations de ses successeurs pour que le malheureux Lally pût en attendre quoi que ce fût. Le dévouement de Ramalinga fut donc une exception, et sa conduite ne saurait être assez louée.

Je n'irai pas jusqu'à vous dire que ce fournisseur modèle n'ai point demandé de garanties. Pour se couvrir d'avances dont l'importance allait toujours s'augmentant, Ramalinga reçut à ferme les revenus des provinces. Mais il dut encore avancer à la Compagnie des Indes cinquante mille roupies sur le prix de l'ancienne ferme dont les tenanciers déchus n'avaient point acquitté les arrérages. On exigea de lui d'autres versements encore plus considérables. L'argent devait à cette époque être terriblement commun dans l'Inde! En 1760 la créance de Ramalinga s'élevait à trois millions de roupies, soit un peu plus de sept millions de francs. Si l'on calcule que l'intérêt moyen était de dix-huit pour cent, on est effrayé par le chiffre que devait atteindre la dette au bout de quelques années.

Jamais les affaires de la France en Inde n'avaient été plus mauvaises, et Ramalinga nous demeurait obstinément fidèle. Ambassadeur de la Compagnie auprès des Mahrattes, il réussit, en cette même année 1760, à conclure avec

leur chef Morari Rao un traité assez avantageux.
Il continua d'entretenir à ses frais le gros de cavalerie dont il était propriétaire commandant,
sans qu'on lui en payât la solde. Et cette fidélité
est d'autant plus admirable que nos ennemis
faisaient à Ramalinga les propositions les plus
avantageuses, s'il consentait à abandonner notre
cause et à passer aux Anglais avec ses troupes
et son argent.

Le colonel Coote, commandant des troupes
anglaises, lui écrivait, le 4 décembre 1760, en
ce sens. Et, le même jour, le nabab Mahmoud
Ali Khan envoyait à Ramalinga la lettre suivante, que m'a communiquée son fils aîné :
« J'ai appris que vous étiez arrivé à Tingar avec
la cavalerie et l'infanterie ; je vous engage à venir me trouver à Achur avec tous vos gens. Si
vous venez, je vous ferai enrôler tous vos cavaliers et fantassins, et vous serez payé sans difficulté. Comme les Français vous ont traité, moi
je vous traiterai. Si tous vos ennemis arrivaient
ici pour vous desservir, je ne les écouterais pas,
parce que vous êtes un homme capable. C'est
pourquoi je vous écris. Je vous donnerai un
paracana (sauf-conduit) pour faire sortir de
Pondichéry tous vos effets et toute votre famille.

Soyez assuré que cette lettre que je vous écris
vaut dix mille paravanas. »

Six semaines plus tard, les Français étaient
battus à Wandiwash par les Anglais de Coote.
Vous connaissez la triste histoire de cette bataille où l'inqualifiable conduite de M. d'Au-
mont, qui refusa de charger avec la cavalerie à
la suite du comte de Lally-Tollendal, prépara
notre défaite, accentuée par la lâcheté des ma-
rins qui composaient notre extrême gauche.
En cette funeste journée, la seule brigade de
Lorraine tint une conduite honorable, avec le
régiment de Lally. Les troupes de Ramalinga
n'étaient point à cette affaire. Elles avaient dû
garder leur poste de Thiagar avec la garnison
que Lally y laissa, en se repliant sur Pondichéry.

Quand cette dernière place se rendit, le
15 janvier 1761, Ramalinga conduisit sa cavalerie auprès d'Hyder-Ali et la mit à son service,
demeurant ainsi fidèle à la France qu'il avait
aidée de ses deniers jusqu'aux derniers jours
du siège. Il était encore dû à Ramalinga plus
de la moitié des trois millions avancés par lui,
sans compter le prix de ses récentes fournitures.
La perte qu'il éprouva par la dépossession de

sa ferme, au moment où il allait en toucher les revenus territoriaux, acheva sa ruine.

Lors de la reprise de nos établissements, en 1765, une commission, nommée par la Compagnie, s'occupa de liquider la gestion de cet extraordinaire créancier qui se trouvait ruiné à plat, sans avoir voulu abandonner son service. Comme toutes les commissions administratives, celle-ci paraît avoir procédé avec la plus sage lenteur. Au bout de huit années (4 septembre 1773), le Conseil supérieur de la Compagnie des Indes, ouï son rapporteur, décidait que Ramalinga ne serait obligé de payer ses créanciers qu'après la liquidation définitive de ses comptes avec ladite compagnie, et elle faisait défense auxdits créanciers d'exercer aucune contrainte vis-à-vis de l'intéressé.

Ramalinga n'en était donc plus à réclamer son dû, mais à implorer la protection de la France pour ne pas être exécuté et emprisonné comme débiteur insolvable. Il n'avait gagné, à nous servir, que le droit de porter la grande canne à pomme d'or, insigne honorable et recherché pour son excessive rareté. Cinq années s'étaient écoulées depuis qu'il avait remis à la Compagnie ses pièces de comptabilité, et à

grand'peine avait-il pu trouver l'argent nécessaire au paiement de ses écrivains « qui ne tra-
vaillent qu'autant qu'ils sont payés ».

Ramalinga n'était pas au bout de ses peines.
Vingt années passèrent avant qu'un arrêt du
Conseil de Paris en date du 13 février 1791
liquidât sa créance à la somme totale de
2.137.790 francs, tant en principal qu'en intérêts. Sur cette somme étaient prélevés 600.000
francs comme représentant le fonds d'une rente
viagère de 6.000 francs que l'on devait servir à
son fils Souprayapoullé. Car j'ai oublié de vous
dire que Ramalinga était mort bien avant que
l'on eût pris envers lui cette décision répara-
trice. Au total, les créances liquides de la succession de l'ancien fournisseur dépassaient le
chiffre de trois millions.

Vous croyez, peut-être, que l'héritier en toucha quelque chose? Grande est votre erreur.
Nonobstant le prononcé de cet arrêt du Conseil, officiellement annoncé, le 4 mai 1792, au
ministre de la Marine par son collègue de l'Intérieur, Souprayapoullé, demeura frustré comme
devant. Le gouvernement de la Terreur, le Directoire, le Consulat se succédèrent, puis l'Empire, et Souprayapoullé ne toucha rien. Sa

nombreuse famille était dans la plus profonde indigence, lorsqu'en 1817, la France de Louis XVIII, ayant récupéré ses possessions de l'Inde, se décida à donner au fils de Ramalinga une allocation annuelle de 2.000 francs, sur les fonds de la colonie. Mais cette largesse ne fut officiellement approuvée qu'en 1820.

Puis la pension fut doublée, de telle sorte qu'aujourd'hui, le vieux Sandirapoullé et ses deux fils vivent d'un secours annuel de 4.000 francs, soit un et demi pour mille, environ, du capital primitif. La France, d'ailleurs, n'a jamais renié sa dette. Mais, si l'on suppute les intérêts au taux le plus modique, elle doit aujourd'hui quelque chose comme une dizaine de millions à ce petit vieux qui a le droit de porter la canne à pomme d'or que lui léguèrent ses ancêtres. C'est pour cette distinction honorifique que l'antique Ramalinga se ruina, lui et ses descendants.

A vrai dire, je crois que les millions de la France ne leur auraient guère profité. Si je m'en rapporte à l'invitation de Sandirapoullé, je crains que ce vieillard, « Président de la Société Théosophique de Pondichéry, dont le siège est à Madras, » ne vive dans la peau d'un prodigue. La bayadère de Tanjore ne danse pas à moins de 4.000 francs la séance, si j'en crois les gens bien informés. Son seul cachet engage donc les finances de Sandirapoullé pour une année entière. Qu'il en aille ainsi du reste, et vous voyez vers quelle faillite s'achemine le porteur de la canne à pomme d'or. J'ai cependant promis aux fils de Sandirapoullé de rappeler leur affaire au Ministre. Sans engager le résultat, je m'acquitterai certainement de leur commission dès mon retour à Paris [*].

[*] J'ai en effet porté la réclamation de ces Messieurs au Ministre des Colonies dès le commencement de l'année 1902. Mais Sandirapoullé est mort en 1903 sans avoir obtenu satisfaction.

VIII

PONDICHÉRY : La bayadère de Tanjore.

3 juillet 1901.

Sandirapoullé m'a outrageusement trompé. Ce n'est point la renommée bayadère de Tanjore que j'ai vue danser chez lui, mais les petites de la pagode de Villenour. Malgré la présence de Soupou, que sa qualité d'homme du monde condamne à être de toutes les fêtes, nous nous sommes enfuis, Paul Mimande et moi, simulant un mal de tête aussi violent que subit. La femme de Sandirapoullé, belle et jeune Indienne qui pourrait être son arrière-petite-fille, ses deux fils, nous ont en vain retenus. Nous courons encore.. Notre regret a d'ailleurs été doublé, car, la veille même, nous avions pu assister au magnifique spectacle de la grande danseuse de Tanjore, chez l'administrateur de la pagode de Villenour.

Gonguilam Sandiramourty, en effet, continue de marier le petit couple que j'avais vu s'avancer en palanquin, il y a plus d'un mois, dans la splendeur des feux de Bengale. La soirée de danse à laquelle nous fûmes conviés continuait la série des fêtes que l'aimable et fastueux Hindou donne depuis des semaines. Souffrez donc que, négligeant, ne fût-ce que pour un temps, le fallacieux et infortuné Sandirapoullé, je vous entretienne de la bayadère de Tanjore.

Le vaste salon blanc de l'étage, éclairé par des lampes et des lustres sans nombre, paraît encore plus grand tant il est nu et vide. Les invités arrivent lentement et nous sommes parmi les premiers. Au fond, sur un canapé noir, somnole le minuscule marié entre deux autres enfants, pareils à des marionnettes coiffées de calottes à broderies, costumées d'oripeaux à paillettes. Une ligne de fauteuils est disposée en avant. Nous prenons place. Au milieu de la pièce, la bayadère s'avance; les danseuses de Villenour l'accompagnent de loin et se tiennent debout, à distance respectueuse, en arrière. Ce sont les seules femmes indiennes dans toute l'assistance où se pressent, sur une centaine de chaises garnissant les deux côtés, les Hindous notables de Pondichéry et quelques Européens privilégiés.

Au costume près, la grande bayadère casquée de jasmin est pareille à la mariée dont je vous parlais en ces temps derniers. Mêmes pagnes diaprés et bridés, avec leur retombée en queue de paon, mêmes caleçons longs de satin, même profusion de lourds bijoux archaïques. Son collier est fait de souverains assemblés sur trois rangs, ses bracelets massifs sont d'or ciselé. C'est une fille encore jeune, bien prise dans ses formes puissantes, et ferme sur ses appuis. Ses bras ronds et pleins, ses flancs bruns lustrés qui se montrent au défaut du corset et de la ceinture, ses pieds chargés de bagues sont tout ce qu'on voit d'elle. Le reste se devine sous la soie et les joyaux. Le visage aux traits accentués rappelle le type de Mathoura, île voisine de Java et dont les femmes sont célèbres pour la beauté de leur corps.

Après des saluts et des baisers, envoyés du bout de ses doigts ruisselants de pierreries, la bayadère débite un compliment monotone, tout en marchant sur ses pointes. Et elle le débite de telle sorte que chacun de nous peut se le croire particulièrement destiné. Puis sa mimique s'anime, sa figure s'éclaire, ses yeux démesurément ouverts, agrandis par le kohl, lumineux, superbes, ne semblent plus rien voir devant eux que le ciel qui s'ouvrirait pour livrer passage à un Dieu. C'est le Dieu même qu'elle voit, qu'elle admire, qu'elle implore, en tendant les bras. Le délire amoureux qui l'entraîne s'exprime par sa danse grave, molle et discrètement sensuelle. A mesure que l'ardeur la gagne, elle s'avance par bonds plus légers, puis elle recule, offrant sa poitrine en fleur, et ses bras étendus palpitent comme des ailes d'oiseau. Leurs imperceptibles battements règlent ses mouvements. Elle bondit avec une telle souplesse qu'on croirait qu'elle va s'envoler, l'on s'étonne que sur ses épaules, au modelé pur et moelleux, ne soient point greffées des ailes.

Dans cette fuite en arrière, l'air s'engouffrant dans la retombée des pagnes les fait s'épanouir ainsi qu'un éventail qui s'ouvre. Et quand la danseuse revient en avant, les plis se referment, comme par le jeu de quelque ressort mystérieux.

Mais l'amour des dieux est inconstant et fugace : Krishna a trompé toutes les femmes, même sa favorite Radah. L'amante abandonnée s'arrête, tord ses bras, chancelle. Ses traits décomposés crient la douleur sous laquelle elle succombe, jusqu'à ce que, se laissant aller à la renverse, elle nous donne, ployée en arc, l'illusion que sa nuque où brille un médaillon d'or, rejoint les crotales qui sonnent à ses talons.

Elle s'est redressée soudain. Sur son visage convulsé par la colère, on croit voir couler des larmes. Ses yeux flamboient, à faire pâlir les feux que jettent les saphirs de son bandeau. Elle objurgue, conjure, menace ; mais ce n'est que pour mieux affirmer sa soumission. Les plaintes les plus douces se pressent sur ses lèvres avides, où la haine ne peut remplacer l'amour.

Tous, maintenant, elle nous prend à témoin de sa disgrâce. Mieux encore, elle tente de nous séduire, et s'adresse successivement à chacun. Ses regards enflammés, son sein superbe qui s'enfle au gré de ses soupirs, ses bras qui s'ouvrent pour affirmer l'offre et retombent pour annoncer l'abandon, ses lèvres qui murmurent des promesses calculées, sont bien ceux de ces filles de Mara qui entourent de leurs pièges les Vanaprastas, ascètes réputés du désert.

La voici qui s'en prend à moi, et un dialogue s'établit entre nous, — à cela près toutefois que je joue un personnage muet, condamné par l'étiquette à demeurer impassible. La tentation de saint Antoine ne fut rien, en vérité, je vous le dis en confidence, au prix de l'assaut que je subis en cette soirée. Cet assaut fut heureusement bref, et ma victoire sur cette beauté artificieuse fut petite. Continuant de jouer son rôle avec le plus parfait naturel, la bayadère de Tanjore, outrée de mon indifférence, se retira avec plus de mépris que de dépit. Son poing fermé en signe de menace s'ouvrit pour me gratifier d'un baiser d'adieu. Puis elle s'arrêta comme pour m'attendre. Sur son visage à l'expression fausse et cruelle se reflétaient en cet instant toutes les morbides passions de l'Asie. Enfin, haussant les épaules, frappant du pied pour exprimer son dégoût, elle détourne sa tête caparaçonnée d'or, de fleurs et de perles, avec un cliquetis de harnais, et entreprend mon voisin de gauche, Paul Mimande, que sa qualité de secrétaire général du gouvernement désignait plus particulièrement à ses coups. Que mon distingué confrère se tire d'affaire comme il pourra! Remis d'une alarme si chaude, je ne veux plus avoir d'yeux que pour les musiciens.

Ces braves gens sont en tout dignes de remarque. Emboîtant le pas à la danseuse, ils la suivent fidèlement, copient sa démarche, soutiennent ses tirades les plus passionnées par des trémolos émouvants. Il est des moments où je crois que le joueur de clarinette va s'élever, en ascension droite, jusqu'au plafond, tant il se guinde en aspirant l'air avec son instrument évasé. Ses yeux, son nez, ses oreilles, son turban, son cou participent à ce délire poétique. Mais c'est surtout son cou que j'admire, son cou dont la pomme d'Adam descend et monte au gré des envolées du poème. Quand les situations atteignent au summum du pathétique, le larynx du bonhomme remonte sous les mâchoires et disparaît pour un temps. Je ne connaissais jusqu'ici que les cétacés pour être doués d'un organe aussi mobile.

Le joueur de clarinette n'est pourtant qu'un pauvre compagnon à côté du *natouva*, chef d'orchestre. Celui-là porte sur son ventre un tambour étroit, horizontalement suspendu à son cou par une corde, tout comme les dames font aujourd'hui pour leur manchon. Une housse en tapisserie habille le tambour. Pour fatiguée qu'elle soit, j'y distingue les armes de la maison de Hanovre, la licorne et le léopard anglais. Sur les deux tympans de peau d'âne, le natouva frappe de ses paumes ou de ses doigts, sans relâche. De l'orchestre il règle ainsi la cadence et il en constitue la partie fondamentale. Sa tête, ses épaules, son torse, son ventre même, battent la mesure. Et ses coudes s'escriment sur ses flancs ; ses cuisses, ses jarrets, ses jambes, ses pieds, animés d'une agitation perpétuelle, concourent à l'œuvre. Et, par-dessus tout, des gloussements inarticulés ou des glapissements aigus, émis en temps utile par le convulsionnaire, servent d'avertissement aux trois autres musiciens, et même au public, quand il va se dire, se chanter ou se passer quelque chose de véritablement important.

Ayant en vain obsédé Paul Mimande, puis le procureur de la République que la présence de sa femme suffit à retenir dans le devoir, voici que la bayadère adresse ses déclarations brûlantes à un vieil Houdou, un richard, sans doute, à en juger par ses lunettes d'or et ses vêtements irréprochablement plissés. L'attitude stoïque du personnage devant cette persécution galante, extraordinairement mimée, s'expliqua d'elle-même quand il s'éveilla en sursaut, avec un ronflement sonore, quelques instants après que la danseuse fut partie.

Elle avait disparu derrière un rideau. C'est là que nous la trouvâmes occupée à boire du soda; familièrement elle s'abreuvait au goulot de la fiole, en épongeant d'un mouchoir son front moite de sueur, car il doit être noté qu'à la fête de Sandiramourty, la température n'était pas inférieure à 35° centigrades. Sans cesse on nous offrait du vin de Champagne frappé, des sirops glacés, que sais-je encore? Le marié dormait profondément avec ses deux compagnons de canapé. On les emporta pour les coucher, et la représentation continua.

Maintenant la bayadère mimait les grands poèmes héroïques de l'Inde. Tendant l'arc avec Rama, un genou en terre, elle criblait de ses flèches les Raksahs de Lankà. Campée fièrement, la jambe gauche avancée, elle combattait avec la hache, se couvrait du bouclier, pointait ou taillait de l'épée. Autant sa danse amoureuse avait été molle et légère, autant sa pyrrhique se faisait lourde et puissante, avec des foulées de gladiateur et des détentes brusques, promptes et précises comme les mouvements de l'escrime.

Tout, en cette belle femme, semblait changé, jusqu'à son costume, jusqu'à son sexe même. Un héros éphèbe se dressait devant nous, à cette heure, un de ces jeunes dieux des combats, dont les bras innombrables manient des armes légères, fulgurantes et terribles. Ses yeux étincelants disaient l'ivresse de la bataille, ses traits impassibles le courage réfléchi qui assure la victoire, son sourire cruel la joie de donner la mort et de braver le danger. Ses vêtements serrés prenaient des aspects d'armure, sa coiffure brillante figurait un casque, les plaques battantes des tempes en étaient les paragnathides, les nattes tressées d'or et les houppes de soie en simulaient le cimier. Ses bracelets étagés devenaient des brassards, les volutes des emmanchures se changeaient en épaulières, et les anneaux des jambes tenaient lieu de cnémides. C'était Soubramanyé lui-même qui descendait parmi nous.

Puis elle redevint femme pour voltiger, décrire des spirales, des cercles. Et, la face tournée toujours vers nous, elle s'envolait, pareille aux Péris que la brise berce au-dessus des grandes fleurs épanouies parmi les lianes des bois. Quelques bonds la portaient à l'autre bout de la salle. Quand elle s'élançait en arrière, les bras largement ouverts, pour régler son équilibre, travaillant sur ses jarrets d'acier, plus fière qu'un cheval de guerre, l'on entendait le bruit sourd de l'air refoulé sous le pagne épanoui en queue de paon.

Elle revenait dans un amble menu, les poings fermés sur ses hanches rondes, comptant ses pas, les yeux voilés par ses longues paupières, les lèvres abaissées par une moue dédaigneuse, et s'arrêtait, à nous toucher. Dardant alors ses prunelles de feu, nous fascinant de leur expression perverse, elle incarnait le génie de la luxure, criait, quoique muette, la gloire de la chair, l'empire de l'amour plus fort que la mort, dominateur du monde, qui surmonte toutes choses et survit à toutes, qui vit en se détruisant lui-même, et ne se satisfait point.

Puis, brusquement, de pied ferme, au beau milieu de la tirade sensuelle où elle semblait ne penser qu'à faire, de la bouche et du geste, un sort à chaque mot, la voici qui s'élance à plusieurs pieds de terre, tourne sur elle-même en un saut périlleux, frétille en l'air tel un gros poisson doré, et retombe sur ses pieds, calme, paisible, sans qu'un pli de son costume, sans qu'une fleur de sa coiffure ait bougé. Et la bayadère continue de débiter son monologue, avec sa mine astucieuse, sournoise et lubrique, plus voluptueuse que cette fameuse déesse Mariammin qui, par suite d'un accident, eut sa tête recollée sur le corps d'une prostituée, tête vénérée dans la pagode de Virapatnam par la population des Macquois.

Nous quittâmes la maison de Sandiramourty fort avant dans la nuit, en le remerciant de nous avoir donné un spectacle aussi merveilleux. Les Hindous ne paraissaient point pressés de partir. La fête, une fois les profanes éloignés, devait prendre un caractère plus intime sur lequel je ne me suis pas fait renseigner.

IX

Les nuits de Pondichéry.

Pondichéry, 15 juillet 1901.

... C'est un lieu commun de dire que la
température de Pondichéry est intolérable pendant la saison chaude. Nous y jouissons depuis
deux mois d'une chaleur torride et d'une sécheresse exceptionnelle. Voici plusieurs années
qu'il n'y a eu que peu ou pas de pluie. La
famine sévit dans le Coromandel. Grâce à la
misère qu'elle engendre, les entrepreneurs en-
gagent avec facilité des coolies pour les Mascareignes et Madagascar. Nous avons ici un de
ces agents d'émigration qui crée au gouvernement de nombreuses difficultés avec les auto-

rités anglaises. Vous n'ignorez pas que le petit
territoire qui entoure Pondichéry est composé
d'aldées, c'est-à-dire de minuscules districts,
enclavés dans les possessions anglaises comme
les cases blanches d'un échiquier le sont parmi
les noires. Or, le gouvernement anglais interdit le recrutement aux agents étrangers sur son
territoire. Vous voyez d'ici les contestations per-
pétuelles qui se produisent quand on embauche
des coolies. Vérifier leur état civil n'est point
chose aisée.

Cette mosaïque d'aldées est cause d'autres
difficultés. Passer de l'une dans l'autre devient,
à cause des barrières de douane, une affaire
d'État, d'autant que l'Hindou, contrebandier
ou pour mieux dire fraudeur par essence, ne
manque jamais de tromper les douaniers des
deux nations. Tout déplacement obligeant les
gens à traverser plusieurs fois les terres anglaises et françaises, les Hindous en profitèrent
longtemps pour trafiquer sur les bijoux sans
payer de droits. Je ne vous rappellerai pas que,
dans tout ménage indigène, la femme porte sur
elle, en or et en argent façonnés, bracelets,
anneaux, pendants, boucles, colliers, toute
l'épargne de la famille. On chargeait donc les

femmes du plus grand nombre de joyaux possible, soit à l'aller, soit au retour, et les ventes et les achats allaient leur train sans que le fisc britannique eût sa part. Les lois promulguées depuis quelques années ont changé tout cela. L' « Indian Act » frappe indistinctement d'un droit protecteur de cinq pour cent tous les produits et marchandises venant de l'extérieur, fût-ce d'Angleterre ou des colonies anglaises, même les plus rapprochées de l'Inde, telles que Ceylan. Et le contrôle étant exercé avec une sévérité extraordinaire, les fraudeurs ont dû renoncer à leurs opérations.

Depuis que le régime douanier du 10 mars 1894 a été mis en vigueur, Pondichéry s'est trouvé isolé complètement de l'Inde anglaise, et son commerce réduit à rien. Victime des luttes douanières entre les deux métropoles, notre petit établissement agonise lentement. Il se console en se livrant aux agitations politiques avec une activité digne de remarque. Le gouvernement de Pondichéry n'est pas une sinécure, car la plupart des Français résidant s'allient ouvertement avec les indigènes des « Sociétés progressistes » contre le représentant de l'autorité. Depuis Dupleix et Lally-Tollendal, l'esprit n'a pas changé. A cela près que le fameux « arbre aux roupies » est depuis longtemps flétri, et qu'une misère générale remplace la prospérité passée, les mêmes vertus fleurissent chez ces politiciens de village. L'envie, la haine, la calomnie, la dénonciation se développent librement à l'ombre de l'arbre nouveau, l'arbre électoral ! Pour des fonctions salariées, tout porteur d'une carte d'électeur, brahme ou paria, vendrait la France entière et Pondichéry s'il se trouvait quelqu'un d'assez malavisé pour l'acheter.

Mais c'est assez, c'est trop parler de ces questions vaines et irritantes. J'aime mieux vous entretenir, avant mon départ pour le Malabar, de mes recherches d'histoire naturelle aux environs de Pondichéry. Sans aller bien loin, du reste, je puis observer la faune indienne, surtout depuis que Soupou m'a notifié officiellement son départ pour Madras. Cette formule signifie simplement que, pendant quelques jours, mon ami Soupou se désintéressera des choses de son hôtel, dont je continue d'être le seul occupant. Son frère, Soupou Ainapassamy, est chargé alors de la régence. Ces interrègnes sont particulièrement calamiteux. Le

frère, personnage invisible, gouverne despotiquement le caravansérail. Je ne puis plus rien
obtenir des domestiques que je suis obligé, à
jour fixe, de menacer de mort violente, pour
avoir du pain à ma suffisance et de la glace pour
un seul repas. Je me suis même résigné, de
guerre lasse, à acheter ce dernier article de mes
deniers. Ce sont mes domestiques particuliers
qui font le ménage, lorsque Soupou, quoique
établi à Madras, ne les emploie pas à ses propres
affaires, sous un prétexte ou un autre. Le seul
Cheick Iman demeure incorruptible. Mais
comme il remplit auprès de moi des besognes
officielles et quasi administratives, je ne le vois
qu'à certaines heures.

Les quatre heures qui s'écoulent entre le déjeuner et la reprise de la vie, vers le coucher du
soleil, se passent pour moi dans la solitude.
J'en profite pour me livrer en paix à mes minu-
tieux travaux de laboratoire. Je trie, je prépare
les animaux que j'ai pu me procurer au cours
de mes excursions du matin. Puis, quand
l'ombre a gagné un coin de la cour, j'y transporte mon fauteuil, et j'observe, en fumant
tranquillement ma pipe, les êtres qui circulent
sur le mur qui borde mon horizon.

De ce mur décrépit le chaperon, formé de tuiles disjointes, se couronne d'une jungle en miniature où des graminées dressent leurs chaumes flétris entre des plantes plus humbles, veloutées, mousseuses, dont la plupart ressemblent à des éponges sèches. C'est là que le petit écureuil isabelle strié de noir (*Boxerus palmarum* Linn.) règne despotiquement en poussant des cris stridents. On le nomme vulgairement rat palmiste, car, non content d'infester les villes, il pullule dans les cocotiers dont il détruit les fruits. Il fait bon le voir galoper sur la crête des pierres, grimper le long des parois les plus lisses, glisser le long des corniches où il se querelle avec les moineaux et les corneilles. Il poursuit ses semblables, gronde, glapit, jure, saute, cabriole ainsi qu'un démon familier jusque dans ma chambre. Sa queue fourrée l'ombrage à la façon d'un parasol; pendant la chaleur du jour, il le relève jusqu'au voisinage de sa tête. Quand le soleil ne donne plus, cette queue, qui traîne derrière son propriétaire, devient pour ses congénères un précieux objet de divertissement, mais aussi un sujet de luttes sauvages. Les rats palmistes passent le plus clair de leur temps à se persécuter, à se mordiller, à se happer la queue à la course. Leur plus grande préoccupation est de garder le haut de la crête du mur après en avoir précipité leurs rivaux. Le vainqueur file alors rapidement parmi les végétations parasites et pousse des glapissements qui s'entendent à plus de cent mètres, bien qu'ils sortent d'un rongeur exigu qui égale à peine un rat noir pour la taille.

Mais notre écureuil voit parfois se dresser devant lui un autre amateur de murs, qui soufflant, sifflant, déployant sa crête, gonflant les plis de son cou, donne en un mot l'aspect le plus formidable à sa modeste nature. Celui-là est un agame, une sorte de lézard (*Calotes versicolor* Daud.) qui atteint quarante centimètres de long. Malgré sa longueur, le saurien se présente peu redoutable, d'autant qu'il est tout en queue. Brun jaunâtre, avec des taches et des bandes brunes, il se confond merveilleusement avec la lèpre végétale qui couvre les tuiles. Aplati, en embuscade, dans son coin, il guette les mouches, les papillons, et les gobe quand leur mauvaise fortune les place à sa portée. En les avalant, il ferme ses yeux avec une mine recueillie et voluptueuse. Pour pacifique que soit ce *Calotes*, il n'aime point qu'on le trouble dans son industrie. Aussi pourchasse-t-il à son tour le rat palmiste impudent qui bat aussitôt en retraite et laisse tomber la graine qu'il venait de récolter, au passage, sur une touffe, et le *Calotes* se tapit, à nouveau, dans l'attente d'un insecte que guette un autre agame *(Sitana pon-diceriana* Cuv.), plus petit, mais à livrée autrement brillante. Le sitane de Pondichéry ne dépasse point vingt centimètres. Il a les pattes longues, la queue fine et déliée comme une mèche de fouet; son dos, sans crête, ses flancs olivâtres sont ornés de losanges verts et noirs. Le mâle se reconnaît à son magnifique fanon brillant des teintes les plus vives et les plus tranchées : bleu, noir, orangé, rouge. Ce reptile bariolé est très commun sur les murs de la ville, aussi bien que sur les rochers, et surtout parmi les ruines. Chasseur infatigable d'insectes, il court en plein soleil avec une grande rapidité. Mais sa timidité égale sa lestesse. Il décampe devant le rat palmiste, sans aucune honte, pour se réfugier dans un trou.

Le roi, le tyran des lieux habités, est le perchal *(Nesokia bandicota* Penn.). Perchal vient des deux mots tamouls *nérié,* grand; *tchali,* rat. C'est en effet le plus grand des rats. De la

pointe du museau à celle de la queue, il mesure
plus de deux pieds. Son échine est couverte de
crins bruns, rudes, à demi dressés, ses moustaches sont énormes. Pullulant dans les magasins de riz mitoyens de l'hôtel Soupou, cet
aimable compagnon me favorise de ses visites.
Hier encore, j'en ai effleuré un, de mon pied
nu, dans la salle de bains primitive où j'ai la
jouissance d'une cuve en bois oblongue en tout
pareille à celles que l'on voit figurées dans les
miniatures médiévales. Blotti contre le mur, ce
rat, gros comme un chat, m'attendait sans
peur. Voyant que mes intentions étaient pacifiques, il se lissa les moustaches avec ses pattes,
et se retira à pas lents. A côté du Perchal, tous
les autres rats de l'Inde, tels que le *Vandeleuria
oleracea* Penn., si commun ici, ne sont que des
pygmées. La nuit, ses cris sauvages suffisent à
interrompre mon sommeil, tant il domine la
voix de tous les autres vampires qui s'emparent
de mon logis dès que le soleil est couché.
C'est l'heure où les mangoustes (*Herpestes gri-
seus* E. Geoffr.) circulent librement dans les
rues. Une famille de ces carnassiers vermi-
formes me fait parfois l'honneur de passer devant moi. A onze heures du soir, par les nuits

sans lune, elle traverse la cour et se glisse sous la porte charretière qui donne sur une place déserte. Le mâle, la femelle, quatre petits progressant à la file, se suivent de si près qu'on croirait voir un seul animal à cent pieds courir sur le sol dont il a la couleur. L'apparition fantastique a la durée de l'éclair.

Dans ma chambre même, des crapauds sautillent lourdement, et certains sont larges comme une soucoupe, ronds comme un ballon, surtout quand je les retrouve entassés, la panse pleine, tous, dans le même coin. C'est là que ces batraciens, dont la réunion simule une masse innomable, digèrent, jusqu'à l'heure du balayage, les insectes dont ils se sont gorgés, et luttent, par leur humidité commune contre la sécheresse. Des grillons livides se hâtent sur la natte qui recouvre le carreau. Ils courent, bondissent, se glissent derrière les caisses et stridulent sur le mode aigu. Ils pénètrent dans les armoires les mieux closes et s'occupent en compagnie de jeunes cancrelats roux grivelés de jaune, et de lépismes brillant ainsi que des globules de mercure, à ronger l'empois du linge et l'encollage des papiers. Tous ces orthoptères sont les victimes habituelles de deux mu-

saraignes (*Crocidura murina* et *cærulea*). Les
gracieux insectivores au nez pointu, à la four-
rure veloutée, trottinent sur le sol et poussent
des cris lamentables, comme s'ils se désolaient
devant l'immensité de l'espace découvert qu'ils
traversent. Souvent, prise de désespoir, une de
ces musaraignes s'arrête brusquement sous le
fauteuil où je lis. Et sa voix plaintive semble
me prendre à témoin du danger où elle se
trouve. Puis elle repart, et quand je l'ai perdue
de vue, j'entends le bruit de ses mâchoires qui
broient les téguments cornés des insectes.

De ceux-ci la compagnie m'est fidèle tant que
ma lampe est allumée. Des vols de termites
s'abattent sur ma table.

Les longues ailes transparentes ne tardent
pas à couvrir mes papiers, et les termites, de-
venus aptères, par un phénomène autotomique
dont aucune patience n'a encore pu saisir le
secret, courent çà et là. Des petits scarabées,
des noctuelles, des bombyx bourdonnent. S'ils
s'élèvent jusqu'au plafond, ils trouvent à qui
parler. Rasant les poutres, des chauves-souris
glapissantes (*Taphozous melanopogon* Temm.)
doublent la pièce de leur vol en zigzag, entrent
par une porte pour sortir par une fenêtre.

Tout cela n'est que demi-mal tant qu'on est éveillé. Mais dès que je me couche, avec le vague espoir de dormir, tous ces bruits se font plus mystérieux, s'enflent, se transforment. On dirait que le sol s'anime et se change en des légions d'êtres rampant, glissant, grinçant, soufflant, sautant. Ils s'appellent et se répondent. Les murs aussi paraissent vivre, et le toit, d'où les geckos poussent leur mélancolique chanson à deux notes. Et par-dessus tout broche le susurrement ininterrompu des moustiques, véhicules de la fièvre, cherchant avec persévérance le moindre défaut des rideaux de gaze où, je me figure être en sûreté.

Les nuits de l'Inde n'ont pas encore eu leur poète, elles méritent pourtant d'être chantées, avec l'insomnie, le cauchemar, précurseurs de l'anémie fiévreuse, et qui vous rappellent qu'on n'est point là sur une terre amie. Une fois que les ténèbres la couvrent, cette terre reprend la lutte éternelle contre l'envahisseur et, par ses mille voix, lui conseille de fuir s'il ne veut pas être gardé. Je sens planer autour de moi tous les grands dieux dépossédés, dont la femme de Dupleix a fait renverser les temples et qui se plaignent de ce qu'on ne les ait point reconstruits. Ils peuplent la nuit de leurs murmures implacables, j'entends le bruissement de leurs ailes, la plainte de l'air agité par leurs cent bras.

Le paon de Soubramanyé s'éploie au-dessus de ma tête, et ses griffes laissent échapper le naja qui tombe sur moi en sifflant. Garouda à la tête blanche me menace de son bec, le canard brahme cher à Sarasvati m'inonde de l'eau du Gange. Bien mieux, la déesse Ganga elle-même rampe, crocodile monstrueux, sur ma couche, et le chien sauvage de Vaïrever glapit à mes oreilles. Ils m'apparaissent tous, Kali la noire avec son collier d'ossements, Virapatrin coiffé d'une tiare flamboyante. Le Pouléar brandit sa trompe, Mariammin danse avec le démon à figure de bouc auquel elle se prostitua. Le Bouddha se balance sur une fleur de lotus, adoré par la déesse verte Tara. Et enfin, c'est Vishnou, sous les espèces du cheval destructeur qui annonce la fin du monde. Telles sont mes nuits dans cette ville française, fière de son antique civilisation, où se voit la statue de Dupleix porteur d'une épée qu'il ne tira jamais du fourreau. Ville française que la charité ou la dérision de l'étranger a laissé vivre

sur cette plage morte, ville de progrès, où le
suffrage universel bat son plein. Les Hindous
politiciens méditent quelque coup de leur façon
au gouverneur, et prennent conseil de la nuit,
cependant que les cobras et les mangoustes
rampent et trottent, se faisant la guerre par les
rues et les jardins, et que les rats perchals continuent leurs luttes fratricides en se provoquant
à grands cris, pareils aux héros d'Homère, dans
les magasins à riz du quai.

X.

PONDICHÉRY : La faune des Suburbes.

Si je m'endors enfin, tant la fatigue peut faire oublier de choses, c'est pour être réveillé au petit jour, par mon ami le capitaine Fouquet, l'officier d'ordonnance du gouverneur et mon fidèle compagnon d'excursions. L'amour de l'entomologie le précipite dans l'antre de Soupou avant que l'aurore ait rougi l'horizon. Il s'agit d'aller chercher des cicindèles à Chounambar, des longicornes à Ariancoupan, des *Mastax* et autres carabides dans les marais des deux jardins coloniaux. La bienveillance inlassable du gouverneur, M. Rodier, met à notre disposition sa voiture même et ses chevaux. Ainsi pouvons-nous, pendant quelques heures, récolter utilement dans les environs de Pondichéry, pousser jusqu'au Grand-Étang, plus loin encore.

Nous avons fait à Chounambar plus d'une trouvaille intéressante, entre autres celle du *Schizocephala bicornis* Linn. C'est une grande mante grêle, aussi allongée qu'un phasme, et qui change de couleur, suivant que les roseaux sur lesquels elle se tient sont frais ou secs. Vert sur les premiers, le curieux orthoptère est d'un jaune grisâtre sur les seconds. La belle *Cicindela quadrilineata* Fab. voltige sur les bancs de sable, jusqu'au milieu de la rivière, et c'est un exercice assez pénible que de l'y pourchasser. Tandis que la vulgaire *Cicindela catena* F. se prend facilement dans les champs, où elle vole à la manière de notre cicindèle champêtre. Sur les cotonniers nous récoltons un joli bupreste bronzé (*Sphenoptera gossypii*), et sur les mimosas un autre bupreste vert doré beaucoup plus grand, le *Sternocera sternicornis*. C'est avec les élytres de ce beau coléoptère, répandu dans l'Inde entière, que les brodeurs garnissent leurs ouvrages. Ils fixent à l'aiguille ces élytres éclatantes sur le drap, la soie, la mousseline et les relient par des ornements courants. L'Inde du sud ne possède pas de si habiles ouvriers ; on n'y fabrique aucune broderie, aucun tissu de luxe. Les tisserands se contentent de produire ces immenses pièces de cotonnade que l'on voit, tendues horizontalement sur leurs métiers rustiques, s'allonger à l'infini dans les landes stériles où se dressent de misérables paillottes en pisé. Le paysage ici n'a rien de commun avec les splendeurs de la nature tropicale. Entre la mer, dont la ligne bleue ferme l'horizon et se confond avec le ciel et la campagne roussâtre, s'étendent les sables blancs de la plage où les cocotiers sont pressés comme les colonnes grêles d'un temple ruiné. L'estuaire de la rivière, obstrué par des bancs, se garnit sur ses bords d'arbustes épineux qui, pour la plupart, sont des légumineuses à bois dur. Partout la végétation est pauvre, clairsemée ; la terre rougeâtre, crevassée, s'effrite sous le soleil torride. On sent que tout cela appelle la pluie, l'attend depuis des mois, depuis des années même. Dès qu'une plante a levé sa tige hors du sol, elle se courbe, se flétrit et meurt. Ce n'est qu'à force d'arrosages que l'on sauve les jardins à bétel. Le long de la route, ils font de grandes taches vert sombre, carrées. Sur les larges feuilles, l'eau ruisselle; les jardiniers ne cessent d'actionner les norias. Chacun de ces enclos est soigneusement gardé, défendu par de hautes parois en nattes qui sont reliées à des pieux. La nuit, des veilleurs s'y installent de peur des voleurs. Quand nous nous approchons de ces jardins, les indigènes nous surveillent d'un œil soupçonneux.

Ils nous surveillent partout d'ailleurs, mais plutôt par curiosité que par méfiance. Étonnés de voir des hommes graves se donner tant de mal pour attraper des mouches, ils nous accompagnent de loin; certains, plus familiers, nous suivent pas à pas; d'autres interrogent le cocher et aussi le « Myrmidon ». Le Myrmidon est un petit paria d'espérance que Fouquet a pris à son service. Il consacre une partie de son temps à la recherche des insectes et l'autre à vagabonder par les rues. Pas de matin où je ne le rencontre flânant en compagnie des marchands de lait qui vont de porte en porte traînant leur vache à bout de corde et portant sous le bras un veau empaillé, au moyen duquel ils donnent à la bête laitière l'illusion du petit absent. Tandis que la vache lèche tendrement cette vaine dépouille, le laitier peut traire sans

craindre les coups de corne ou de pied. Les
jours d'excursion, le Myrmidon se tient fièrement sur le siège de la voiture d'où il excite
l'admiration et l'envie des polissons de caste
qui jouent à la marelle devant les maisons. Il
porte en bandoulière le traditionnel cylindre
peint en vert, et tient un filet à papillons dont
la poche de gaze flotte au vent pareille à une
bannière. Quand on met pied à terre, il se
charge encore des parapluies à insectes et de
divers autres ustensiles. Ce bagage ne nuit en
rien à la liberté de ses mouvements. Le Myrmidon s'aidant de sa taille exiguë, se coule à
travers les haies, se glisse entre les palis,
grimpe aux arbres, franchit les ruisseaux, et
poursuit les papillons pour lesquels il nourrit
une spéciale prédilection. N'hésitant jamais à
envahir les propriétés closes, il traite de Turc à
More le propriétaire qui l'invective, et prend à
tout propos des airs importants.

A sa suite, nous avons pénétré, un jour, dans
une de ces plantations de cocotiers qui abondent sur les rivages sablonneux de Choumambar. Beaucoup de ces palmiers étaient traversés,
à hauteur d'homme, par une fenêtre carrée.
Les troncs, ainsi perforés à la main, avaient été

attaqués par la larve d'un gros coléoptère, un scarabée nasicorne (*Oryctes rhinoceros*) et le trou est, paraît-il, destiné à arrêter la larve dans son ascension. Dès qu'elle atteint ce vide, gênée par le contact de l'air, elle cesse de creuser le bois et meurt. Ce renseignement — et je vous le donne pour ce qu'il vaut — nous fut donné par le maître de la plantation, Hindou de caste, avocat à la Cour de Pondichéry, et agriculteur à Choumambar. La culture du cocotier est une entreprise assez lucrative, paraît-il, même lorsqu'elle se mène sur une petite échelle, comme c'est ici le cas. La noix de coco sert à bien des usages. C'est en examinant les vieux fruits fendus, accumulés en tas, par places, pour y chercher des coléoptères, que nous avons fait la connaissance du propriétaire. Nous lui avons appris que le *Carpophilus hemipterus*, ce petit clavicorne roux et fauve qui pullule chez lui, a passé avec les produits pharmaceutiques dans nos officines d'Europe, et avec les produits coloniaux dans nos épiceries, où il est commun dans les figues sèches. Charmé de voir des gens aussi savants parcourir son bien, notre Hindou nous met au courant de ses travaux agricoles.

Sans aller, comme un certain poète indien, jusqu'à nous énumérer les huit cents emplois de ce cocotier cultivé dont les ancêtres sauvages croissent encore dans les forêts du Malabar intérieur, il nous en indique les principaux. La sève devient une boisson fermentée, nutritive et rafraîchissante, une sorte de vin blanc aigrelet dit *callou* et vin de palme, qui peut se tourner en bon vinaigre. Par évaporation, elle fournit une cassonade noire dont, par voie de distillation, on obtient l'arack, cette eau-de-vie dont la canaille en général, et mes deux pousseurs en particulier, font une abusive consommation. Avec le tronc on fabrique les charpentes des paillottes ; les palmes en constituent le toit. La noix fraîche est un savoureux comestible, le lait limpide un breuvage délicieux ; la pulpe sèche, râpée, entre dans la composition du carry ; par écrasement on en extrait de l'huile ; comprimée, elle n'est autre que le copra qui s'exporte par millions de kilogrammes jusqu'en Europe et constitue les tourteaux propres à l'engraissement du bétail. L'enveloppe fibreuse de la noix est un combustible. Que sais-je encore ?

Mais le cocotier compte de nombreux ennemis, parmi lesquels le rat palmiste et aussi un carnassier du groupe des civettes, la marte des cocotiers *(Paradoxurus typus)* et un autre du genre ratel *(Mellivora indica)*. Ceux-là s'en prennent aux fruits. Le fameux ver palmiste qui semble avoir été le *cossus* des gourmets de l'antiquité, attaque le tronc. Cette larve blanche, rosée, dodue, est celle d'un gros charançon rougeâtre du genre calandre, le *Rhynchophorus ferrugineus*. Elle se développe dans le tissu du tronc et, pour se métamorphoser, s'enveloppe d'une coque façonnée de fibres ligneuses qu'elle enroule ingénieusement en spirale. Chacun de ces cocons atteint la taille d'un petit œuf de poule. Un cocon de même nature, mais autrement volumineux, est fabriqué dans le tronc d'autres palmiers par le plus puissant des longicornes de l'Inde, l'*Acanthophorus serraticornis*. Ce prione géant, dont les plus belles femelles atteignent presque la longueur de la main, attaque le rondier *(Borassus flabelliformis)*, et aussi le talipot *(Corypha umbraculifera)*.

Le premier de ces palmiers est sans contredit l'arbre le plus utile à l'Hindou, qui y trouve d'abord tout ce qui peut servir à construire sa

maison : charpentes, parois, toiture, cordes
pour relier le tout. La fleur mâle, une fois
sèche, est combustible. La fleur femelle donne
une sève potable, qui est le vrai vin de palme,
le véritable *callou* supérieur à celui du cocotier;
il en est de même de son sucre et de son arack.
Qu'on laisse le régime de fleurs se développer,
on a des fruits dont l'amande et la pulpe constituent un excellent manger. Leurs sucs,
épaissis après cuisson, se solidifient en une
pâte qui se débite en tablettes et se consomme
ainsi que la pâte de jujube. Si on plante la
graine, elle a vite germé, et la jeune pousse, dès
qu'elle atteint un pied de haut, se mange en
bouillie. Sa richesse en matières amylacées la
rend très nutritive. Le bourgeon terminal de
l'arbre est célèbre sous le nom de chou palmiste; mais cette friandise est assez coûteuse,
car on ne se procure une salade qu'au prix de
la mort du palmier. Le bois, beaucoup plus
compact que celui du cocotier, et incorruptible,
est estimé surtout pour les pilotis. La feuille
entière, convenablement desséchée, est l'élé-
ment fondamental de toute toiture. Ces palmes
imbriquées, liées sur les solives des combles,
sont imperméables à l'eau du ciel, impéné-

trables aux rayons du soleil, et par leur légèreté, leur solidité, défient toute comparaison
avec les autres matériaux. Avec le limbe on
fabrique des éventails, des nattes, des vases
qui ne fuient point. Des fibres solides du
pédoncule, on tresse des cordes d'ouvrages de
sparterie. C'est encore avec ces feuilles que
l'on fait les *olles*, petites tablettes sur lesquelles
on écrit à l'aide d'un stylet. Je n'en finirais pas,
en vérité si je continuais de vous énumérer les
vertus des palmiers de l'Inde...

Pondichéry, 15 août 1901.

... Le territoire de Chounambar a failli devenir funeste à mon ami Fouquet. Peu s'en est
fallu qu'il n'ait été aveuglé par une *Anthia*. Je
n'étais pas revenu de ma tournée dans le Malabar et les Nilghiris, que nous reprenions nos
excursions zoologiques autour de Pondichéry.
La première *Anthia* que nous rencontrâmes,
vers six heures du matin, grimpait le long d'un
acacia épineux. Fouquet se précipita pour la
saisir. Mais il avait compté sans le liquide cor-

rosif que ce solide coléoptère lance vivement par derrière, à la manière de nos carabes. Cette émission de liquide s'accompagna d'une explosion aussi forte que la détonation de ces grands brachynes ou bombardiers que l'on nomme des *Pheropsophus*. Fouquet reçut dans l'œil cette décharge acide, il en demeura plus de trente minutes aveuglé. Son malheur aura profité à la science, car c'est la première observation de ce genre qu'on ait faite sur les Anthies indiennes du sous-genre *Pachymorpha*.

L'*Anthia sexguttata* est le plus grand des carabidés de l'Inde et aussi le plus commun dans les lieux qu'il habite. Vous avez vu certainement dans quelque collection cette grande bête noire, portant six taches blanches, rondes, farineuses, deux sur chaque élytre et deux sur le corselet. Celui-ci est étranglé en arrière où il se bifurque en deux saillies plus ou moins accusées et développées, surtout chez les mâles. L'insecte est répandu depuis la côte d'Orissa, à l'est, jusque dans le Sind, au nord. Je l'ai trouvé à Kurrachee en 1896, et la race de cette localité extrême est remarquable par sa taille plus faible et plus élancée, par d'autres caractères encore qui la rapprochent de l'*Anthia Mannerheimi* de la région caspienne. La distribution du genre *Anthia* est extrêmement remarquable. Africain dans son essence, il est représenté sur tout le continent noir, de l'Algérie au Cap et du Congo au Mozambique, par une centaine d'espèces; il compte quelques rares représentants en Arabie. Partout ailleurs il n'existe pas, si ce n'est dans les régions sèches et arides de l'Inde et de la Caspienne. Or, les Anthies indiennes (et elles peuvent se ramener à une seule espèce) sont extrêmement voisines de leurs congénères éthiopiennes, notamment de l'*Anthia ferox*, des solitudes somalis et danakis, et qui descend parfois jusqu'aux environs d'Obock.

Vous savez que la science actuelle tend de plus en plus à réunir en une même région le littoral éthiopien et ses premières terrasses avec les rivages de l'Inde jusqu'au golfe du Bengale et leur système de plateaux étagés. La côte de Malabar devrait, avec Ceylan, être exclue de ce système où l'Arabie doit rentrer presque tout entière, ainsi que la Perse. Or, si l'on traçait sur une carte la ligne d'habitation des *Anthia* appartenant au sous-genre *Pachymorpha* ou en étant très voisines, on verrait avec surprise ce modeste insecte suivre exactement le tracé que les géographes modernes donnent à leur Eurasie.

Au contraire de ses congénères africains qui
semblent essentiellement terrestres, l'Anthie de
l'Inde a des mœurs arboricoles, au moins dans
le Coromandel. On la voit descendre le long
des arbres, figuiers et acacias, au coucher du
soleil, pour gagner la terre. Une blatte large et
courte, la *Corydia Petiveriana*, qui imite sa
livrée noire tachée de blanc, court vivement sur
les écorces crevassées aux côtés du redoutable
coléoptère. Orbiculaire et bombée, elle ressemble à une Anthie mutilée qui serait réduite
à son seul arrière-train. Je n'ai pu saisir encore
les rapports qui existent entre ces deux insectes
qui se copient. Peut-être la *Corydia* vit-elle des
résidus de l'*Anthia*?

Les mœurs de tous ces animaux nocturnes
sont mal connues, tant il est difficile de les
observer fidèlement. J'en suis à me demander
si les Anthies sont réellement aussi carnassières
que semblent l'indiquer leurs formidables mandibules en lame de faux. Jamais je ne les ai pu
surprendre en train de manger. De même pour
ces beaux carabides si communs dans les allées
du Parc colonial de Pondichéry aux premières

heures du matin (*Eudema angulatum*), et dont la livrée noire est rehaussée de quatre vastes taches orangées. Je tiens ce cousin de nos panagées d'Europe pour très capable de dévorer, la nuit, divers mollusques gastropodes, hélices et vitrines, en introduisant sa tête dans leur coquille à l'instar des *Isotarsus* africains. Mais je ne l'ai jamais pris sur le fait. Même incertitude pour ces *Pheropsophus* jaunes et bruns, qui abondent sous les feuilles sèches au pied des porchers et des manguiers, et dont j'ai recueilli là plus de six espèces. Si on les dérange sous leur abri, c'est une fuite d'arquebusiers. Chacun décharge son arme vivement. Les explosions se succèdent, aussi fortes que celles d'une capsule à fulminate. Que l'on saisisse les fuyards, l'on s'aperçoit que le liquide gazeux qu'ils détergent est corrosif, mordant comme l'acide nitrique, il brûle et jaunit les doigts.

XI

PONDICHÉRY : Le parc et le jardin colonial.

Les deux jardins publics de Pondichéry sont pour le naturaliste, établi sur place, une précieuse ressource. Toujours il y trouvera des choses intéressantes, et longtemps il en découvrira de nouvelles. La grande erreur des voyageurs est de croire qu'il faut parcourir des lieues de pays pour se procurer du nouveau, et aussi de s'imaginer qu'on ne collige rien de remarquable autour des lieux habités. Pour mon compte, c'est toujours dans les suburbes que j'ai fait mes meilleures récoltes, en plaine comme en montagne. Je ne parle naturellement pas de ces espèces propres aux grandes forêts élevées, cétoines, buprestes, lucanes et autres bêtes marchandes que les entomologistes trafiquants recueillent de préférence à toutes autres, pour couvrir leurs frais. A qui n'est point guidé par un semblable calcul, les campagnes, les entours des villes, sont souvent les meilleurs terrains de chasse. En demeurant sur place, on a toute occasion d'observer, de récolter méthodiquement en visitant pendant des semaines les même localités. On peut disposer à loisir des pièges, des appâts, élever des larves, suivre les éclosions.

Au voisinage immédiat de l'homme s'établissent une flore et une faune variées comme on n'en voit nulle part ailleurs. Le sol ameubli permettant aux larves de s'y loger, d'y pousser facilement leurs galeries, les végétaux les plus divers réunis sur un même point, les arbres plantés à découvert, les détritus accumulés, l'eau toujours abondante, sont autant de conditions que n'offre guère la nature sauvage, surtout dans les régions arides et nues comme la côte de Coromandel.

Le nombre d'espèces que m'ont fourni les jardins de Pondichéry est relativement considérable. Mais c'est dans le Parc colonial que je me suis procuré le meilleur. Établi au mois de mai 1826 sur l'ancien Champ de Mars, sous le nom de Jardin Royal de naturalisation, il eut pour premier directeur le naturaliste Bélanger. On y tenta l'acclimatation des cannes à sucre de Java, de certains poissons d'eau douce rapportés des Mascareignes, notamment du gourami (*Osphronemus olfax*). Mais l'administration ne fit pas longtemps crédit à la science.

Quatre années n'étaient pas écoulées qu'on supprimait le Jardin Royal de naturalisation. « Attendu que son utilité n'était pas en rapport avec les dépenses que son rétablissement et son entretien exigeaient. » Aujourd'hui on a affecté à la colonie pénitentiaire les dix-sept hectares plantés d'arbres divers, et le produit de certains, tels que les cocotiers, est affermé. A l'exception des condamnés qui circulent, par escouades, dans les allées ombreuses, sous prétexte de balayer, de sarcler, d'émonder, on ne voit personne dans ce parc. Aussi est-il mon lieu de promenade favori, tandis que je fréquente peu dans le petit jardin colonial, où je suis sûr d'être continuellement dérangé.

De celui-ci la fondation ne remonte qu'au 15 mai 1861. Sa superficie est de huit hectares.

Il est arrosé grâce à un puits artésien creusé en 1899 et qui fournit jusqu'à trois cents litres d'eau par minute. Ses allées sont plantées de grands arbres : manguiers, acacias, porchers à fleurs jaune (*Thespesia populnea*), flamboyants à fleurs écarlates (*Poinciania regina*), multipliants (*Ficus obtusifolia et indica*) dont les racines adventives, descendant des branches, forment autour du tronc principal des séries de colonnes enchevêtrées. Ces racines aériennes manquent au figuier sacré (*Ficus religiosa*), l'arbre consacré à Vishnou, et dont les feuilles sont celles du tremble.

Des haies vives entourent les parterres et les pépinières où l'on élève toutes sortes de plantes, parmi lesquelles la vanille est l'objet de soins tout particuliers. Près de vingt-sept ares sont affectés à sa culture sous la direction du pharmacien en chef de la colonie. Mais ce fonctionnaire est entravé par un Conseil municipal où on lui marchande les subventions en s'étonnant que cette culture n'ait pas donné de bénéfices dès la première année. L'Hindou, qui n'est jamais pressé quand il s'agit des affaires d'autrui, se montre ici extraordinairement impatient et soupçonneux, d'autant qu'on lui a donné une

part dans l'administration du pays. Il voudrait
que la moisson rapporte avant que d'avoir levé.
La portion eurasienne ou européenne du Conseil ne s'intéresse qu'à ses entreprises ou à la
politique. Aussi la décadence générale n'a pas
épargné les jardins coloniaux de l'Inde française, tandis que ceux de l'Inde anglaise sont
supérieurement organisés. Celui d'Otakamund, dans les Nilghiris, que j'ai visité dernièrement, pourrait servir d'exemple.

Les débuts du jardin de Pondichéry furent
cependant excellents. Un botaniste de mérite,
Perrotet, célèbre par les observations et les en-
vois intéressants qu'il expédiait sans cesse aux
savants français, avait été mis à sa tête. Il réunit, dans une maison de ce jardin, la collection
la plus complète de graines et d'échantillons de
plantes indiennes qui ait existé à l'époque. Mais
depuis que Perrotet est mort, voici près de
quarante ans, son herbier et ses graines ont été
détruits par les termites, et le jardin botanique
et d'acclimatation a suivi la fortune de son aîné,
le Parc colonial. Un botaniste y est toujours
attaché, simple gardien, fonctionnaire indigène, dépendant du service local, qui s'ap-
plique surtout à se faire oublier. Par qui con-

naît l'esprit des conseils municipaux et généraux de l'Inde française, cette prudence ne saurait être blâmée. Le jardin botanique de Pondichéry rentre dans la catégorie des exploitations potagères. Les particuliers peuvent s'y procurer, à des prix raisonnables, les légumes, les fruits et les fleurs dont l'industrie indigène est incapable de l'approvisionner suffisamment. J'ai regretté, il y a quelque vingt ans, de n'avoir pas été nommé botaniste agriculteur à Pondichéry. Je m'en félicite aujourd'hui en voyant l'état de la fondation à laquelle j'avais failli m'intéresser.

Ce jardin m'est pourtant cher à plus d'un titre. C'est là que j'ai capturé, certain matin, la rare *Cicindela corticata* qui, pareille à la petite *Euryoda paradoxa* de Ceylan que j'ai retrouvée dernièrement en quantité à Mahé du Malabar, court lestement sur le sol aride, en plein soleil, et ne s'envole qu'à la dernière extrémité. Sur la boue desséchée des rigoles d'irrigation, j'y ai encore recueilli de jolis *Mastax*, petits brachynes rouges dont les élytres noires portent des taches orangées et blanches ; ils trottent avec une agilité sans pareille, se réfugient dans les gerçures du sol, avec les *Callistomimus* qui imitent leur livrée bariolée, mais ne possèdent pas leur propriété crépitante. Je n'en finirais pas de vous citer toutes les populations d'insectes qui courent au bord des mares, parmi les herbes et les débris de roseaux, depuis les *Ophionea* élancées, jaunes, avec la tête noire et les élytres marquées de bleu, jusqu'au joli *Lachnothorax biguttatus* dont les élytres bronzées portent à leur extrémité une gouttelette couleur citron. Des cybister, des hydrophiles et des sternolophes nagent allègrement, des nèpes, des naucores, des ranâtres, des punaises d'eau de toutes sortes se terrent dans la vase et s'entre-dévorent amicalement. Parmi ces dernières, une des plus curieuses est le *Diplonychus rusticus* qui porte sur son dos aplati ses œufs réunis côte à côte comme les alvéoles d'un gâteau d'abeilles.

Si le soleil implacable ne se mettait dès neuf heures à nous accabler de ses rayons, pour nous chasser de ces diminutifs de rivage où abondent les *Clivina*, les *Oodes*, les *Chlænius* et autres Carabiques, Fouquet et moi, oublieux du temps, nous éterniserions dans les jardins de Pondichéry. Nous revenons, longeant les haies, parmi le bourdonnement des grosses abeilles violettes (*Xylocopa tenuiscapa*), des papillons multicolores, des diptères bariolés qui butinent sur les fleurs déjà flétries des buissons. La sécheresse torride qui sévit depuis plusieurs années a éloigné les oiseaux, on n'en voit pour ainsi dire pas, et ce qu'on en voit ne présente rien d'intéressant...

XII

PONDICHÉRY : La cavalerie d'Aïnar.

Pondichéry, 10 août 1901.

... Quand on veut trouver des *Scarites*, il faut se rendre à Sakkili Top, lieu désert, sablonneux et inculte, situé à moins d'un mille de Pondichéry. Les scarites sont, comme chacun sait, des coléoptères noirs, allongés, cylindriques au moins pour les formes dravidiennes, et remarquables par leurs grandes mandibules falquées. Le jour, ils se tiennent dans le sable où ils progressent à couvert et font la guerre aux insectes. Au soleil couchant, ils s'envolent parfois, gardant une allure verticale, et l'on dirait de ces petits génies que l'on voit planer debout dans les miniatures persanes. Voilà bien

longtemps que je connais l'endroit aux Scarites.
Depuis vingt ans il n'a pas sensiblement changé.
C'est toujours la même lande désolée, grisâtre,
coupée de ruisseaux aujourd'hui taris, et qu'ombragent parcimonieusement quelques arbres au
feuillage maigre et roussi. Les ossements en
cendres se mêlent à des débris de charbon dans
les monticules de poudre. Car Sakkili Top est
l'emplacement où les Hindous de Pondichéry
ont coutume de brûler leurs morts.

Les obsèques, dans l'Inde ne sont point ac-
compagnées avec cette grave et lente majesté
qui nous paraît, en Occident, inséparable de
toute cérémonie funéraire. Aux sons des trom-
pettes, des clochettes et des tambourins, l'on
porte, à bras d'hommes, le défunt vers le bûcher
où sa dépouille se consumera en plein vent. J'ai
vu souvent passer des cortèges funèbres. La
première fois j'ai cru assister à une réjouissance
champêtre. Les appels de la grande trompe
liturgique éveillaient de loin mon attention.
Bientôt j'apercevais le gros des parents et des
amis marchant en désordre et d'une allure rapide, devançant, flanquant, suivant le brancard
porté par six hommes. Sur ce brancard était
couchée une jeune femme qui disparaissait sous

les fleurs. On ne voyait que sa face pâlie et sa longue chevelure noire épandue parmi les jasmins et les roses. Oscillant aux cahots du chemin et au hasard des mouvements des porteurs, la morte paraissait dormir et les gens du cortège se féliciter de la manière commode dont elle accomplissait son voyage... Ne me demandez pas des détails sur le bûcher ni sur la crémation. Je ne saurais trop le répéter, ma fidèle habitude est de ne pas m'immiscer dans les fêtes où je ne suis pas convié. Le spectacle d'une incinération n'a rien de particulièrement curieux ni de nouveau, tant les voyageurs se sont appesantis sur la chose. On ne brûle plus, en pompe, les veuves vivantes avec leurs époux décédés. C'est un progrès. Mais la règle de la vie leur assure une condition tellement misérable, avec la servitude et la prostitution familiales, que la plupart de ces veuves n'hésiteraient pas à monter sur le bûcher si elles en avaient congé.

Ce qui est bien curieux, à mon sens, c'est le petit pagotin des environs, où un pandaram mène sa procession solitaire en débitant ses oraisons au pied de la statue équestre d'Aïnar. La silhouette du gigantesque cavalier se profile sur le ciel embrasé par le soleil à son déclin, et

le religieux vêtu de toile rousse tourne autour
du socle que garde un Déverpal à massue appli-
qué en bas-relief, et en tout pareil, comme coiffure et costume, à l'homme qui se perd dans
l'ombre du soir. Grâce à une roupie offerte avec
à propos à ce pénitent de Çiva, pauvre Hindou
décharné à la face couleur de poussière et dont
les yeux gris ne paraissent rien voir ici-bas, j'ai
obtenu la permission de m'approcher de la
puissante idole et reçu une pincée de cendres.
Le bois de sandal et la bouse de vache dont elles
sont le résidu donnent à ces cendres un caractère indéniable de sainteté, et d'ailleurs elles
viennent d'un pèlerinage réputé, sans que ma
curiosité aille jusqu'a s'enquérir de sa position
exacte.

Coiffé d'une sorte de tricorne, vêtu d'un
court pagne et d'une écharpe de toile jaune que
l'user a rendus roussâtres, le gardien d'Aïnar se
reconnaît à première vue pour un de ces pandarams qui ont fait vœu de garder une vie
chaste et solitaire pour l'amour du Dieu Çiva.
Il nous a autorisés à regarder de près la colos-
sale statue équestre, à cette condition de ne
point passer entre le petit temple et le socle où
le pion de terre cuite monte, avec sa masse, son

éternelle faction. Le rite défend aux piétons chaussés de souliers de longer les pagotins d'Aïnar, il interdit aussi de s'en approcher à cheval ou en voiture. Puis, nous ayant adressé ses recommandations, le pandaram reprend sa promenade monotone, marmonnant des oraisons. Il s'éloigne le dos voûté, égrenant entre ses doigts les grains d'un collier d'*outrachon*, grains qui écartent Yamen, génie de la mort, et dont les saillies embrouillées répètent certaines de ces figures qu'aime à prendre Çiva quand il descend sur la terre.

La statue équestre en terre cuite, de proportions colossales, est bien celle de cette divinité secondaire, gardienne de l'ordre, d'Aïnar, fils de Çiva et de Moyéni. Vous savez sans doute que Moyéni est un des avatars accessoires de Vishnou. Le grand Dieu aux mille formes jugea à propos de prendre celle d'une femme pour séduire les géants et leur enlever l'Amourdon, la liqueur sacrée qui donne l'immortalité et que les Déverkels avaient tirée de la mer de lait. Puis il s'amusa à tenter Çiva et y réussit jusqu'à le rendre père d'Aïnar.

Cet Aïnar est une divinité champêtre de première importance, quoique de catégorie inféricure. On lui sacrifie des coqs et des chèvres. Jamais ses pagotins ni ses statues ne s'érigent dans les villes. À plus d'un tournant de route vous rencontreriez sa figure monumentale peinte en blanc, en rouge et en noir. Le Dieu mitré, joufflu, moustachu, énorme, mesurant cinq et six mètres de haut, est souvent installé sur une haute banquette, la jambe gauche repliée, la droite posant à terre. Près de lui, des génies, des satellites, des pions, de moindre taille, mais rehaussés de couleurs aussi voyantes, sont assis à la file. Tous ces serviteurs attendent la tombée de la nuit pour amener des écuries de leur maître les montures qui serviront à la chevauchée des ténèbres. Et les montures ne sont pas loin : à quelques pas du groupe, à demi perdues dans un bosquet ou en contre-bas du chemin, dix ou douze effigies de chevaux gigantesques, harnachés dans le style indo-persan le plus riche, se campent fièrement, rangées en bel ordre, comme à la parade, sous la garde de bonshommes peinturlurés, qui jouent de la flûte pour leur faire passer plus doucement, peut-être, les heures d'attente.

Il ne faudrait pas croire que ces statues soient taillées dans le porphyre ou le basalte, à l'exemple des grandes divinités des vieilles pagodes. Ce sont œuvres de potier. Les industrieux cossowers ont modelé et cuit ces idoles champêtres sur place, ou bien ils les ont édifiées, à l'instar des vieux colosses égyptiens, avec des briques disposées par étages, assemblées à chaux et à sable, et dont les arêtes ont été savamment adoucies. Crépits et peints de couleurs assez solides pour résister à l'eau du ciel et à l'ardeur du soleil, ces grandioses épouvantails valent surtout par le caractère de la silhouette. Qu'il fait bon voir, au soleil couchant, ces escadrons monstrueux se profiler à l'horizon, comme s'ils sortaient de la terre avec les vapeurs du soir ! Le respect superstitieux que portent les Hindous au grand cavalier de la nuit s'accroît encore lorsque à la clarté blafarde de la lune ces figures massives, coupées de rouge et de noir sur leur blancheur de craie, semblent s'agiter confusément et commencer leur marche en avant. C'est l'heure où Aïnar, gardien des fruits et des biens de la terre, parcourt son domaine, galopant par les rizières, les champs et les jardins, suivi par toute sa cavalerie de pions, la main prête à étrangler les maraudeurs et autres vagabonds qui abondent en mauvais desseins.

Pour l'artiste et l'archéologue, Aïnar et ses chevaux sont toujours une heureuse rencontre. Les seconds surtout fournissent maints renseignements utiles sur les types archaïques et le harnachement de la monture de guerre. Pas une bossette du mors, une pièce de la têtière, pas un modillon de la croupière ou une pendeloque des colliers de poitrails, pas un miraillet des brides qui ne soit reproduit avec une puérile, naïve et entière exactitude. Et de même pour toutes les pièces de la selle. Quant à la bête elle-même, le parti de la masse est si fidèlement respecté, pour grossier que soit le modelé, qu'on reconnaît le traditionnel étalon iranien des belles miniatures mogoles, voire même celui de certains bas-reliefs assyriens, encore que le type ait tant soit peu changé. Car vous n'ignorez pas que rien n'est plus sujet à varier dans l'espace et le temps que les races de chevaux de guerre, puisque, pour n'en prendre qu'un exemple entre cent, les débris de chevaux de lance, datant du xve siècle, trouvés au cours des fouilles en Italie, ont révélé un animal aujourd'hui disparu, mais rigoureusement identique aux monuments figurés contemporains.

XIII

VIRAPATNAM : Le pagotin de Mariammin.

Pondichéry, 19 août 1901.

... Soupou, enfin revenu de Madras, s'est
constitué périégète pour mon particulier profit.
Il m'a initié aux mystères du culte de Mariammin, la déesse des gens de mer que l'on appelle
ici les Macquois. J'ai, à deux reprises, visité la
petite pagode de Virapatnam, assisté à la fête
solennelle qui tombe le dernier jour du mois
d'Ahdi (16 août). Elle attire une énorme quantité de pèlerins venus de tous les points du
Coromandel et du Carnatic, voire du Deccan.
Leur chiffre dépasse quarante mille. Chacun
des cinq vendredis du mois, des cérémonies

s'accomplissent, où le sacrifice de coqs et de boucs tiennent la principale place. A ces offrandes sanglantes, telles qu'en exigent les divinités des deux catégories inférieures, s'en mêlent de plus innocentes, telles que des bouillies et autres éléments des repas sacrés. Les fidèles se ceignent de guirlandes en fleurs de jasmin, de laurier-rose et d'artemisia, se couronnent de feuilles de margousier.

La route qu'il faut suivre pour atteindre ce bourg de Virapatnam, où la légende place le premier établissement des Français qui fondèrent Pondichéry au xviie siècle, est dans un état pitoyable. Nous allions, cahotés, au trot d'un cheval plus eflanqué que celui de l'Apocalypse, et encore Soupou me garantissait-il que c'était le meilleur qu'on pût louer à Pondichéry. Et Soupou, à chaque cahot, regrettait amèrement que l'exiguïté de ses ressources ne lui permît point de réparer la route à ses frais, et même de la remettre à neuf. Comme je lui demandais les raisons d'un dévouement aussi singulier, il daigna s'expliquer : « C'est pour laisser mon nom à la postérité ! Voyez, tout le long du chemin, ces bancs très hauts qui se dressent. Ils ont été construits en bonne maçonneric par des Hindous charitables, afin que les pauvres diables portant de lourds fardeaux sur leurs épaules puissent s'y adosser et se reposer debout sans être obligés de se décharger.

— Voilà qui est fort bien, Soupou, lui répondis-je. Mais pourriez-vous me dire, s'il vous plaît, comment s'appelaient les généreux Hindous qui ont édifié ces bancs? »

Soupou avoua qu'on n'en avait gardé aucun souvenir. Qu'un pareil oubli s'étendît sur la route qu'il souhaitait pouvoir établir à ses deniers, c'était là une éventualité qu'il envisageait sans chagrin. L'important pour lui était de rendre service, de se consacrer à quelque bonne œuvre. En cela, Soupou suivait la tradition commune à ses compatriotes. Attribuant une grande importance aux œuvres, ils s'y attachent avec un zèle dont les fameux repas sacrés, offerts au peuple des pauvres, vous ont déjà fourni un exemple. L'abondance extraordinaire des pénitents de toutes sectes en est encore un. Et, à mesure que nous approchons de Virapatnam, le nombre de ces pénitents augmente. Ils s'avancent sur la route blanche, poudreuse, sous le soleil implacable, en longues théories. Virapatnam est un des pèlerinages hindous notoires; il abonde en miracles. Les ex-voto qui encombrent les abords de la pagode prouvent la guérison et la reconnaissance de milliers de fidèles.

L'Hindou est pèlerin par nature. Sa vie se passe à voyager dans toute l'Inde, à visiter les sanctuaires les plus réputés, à assister aux fêtes. Non content d'honorer par des pèlerinages ses innombrables dieux, il vénère aussi les divinités étrangères. La vierge miraculeuse de Lourdes possède une chapelle à Pondichéry, et les dévots les plus empressés à offrir des cierges ne sont pas toujours les chrétiens. Les femmes hindoues des diverses castes y font aussi brûler des cierges et adressent leurs vœux à la grande déesse des chrétiens. Dans l'église de la mission, toujours à Pondichéry, on peut voir une statue de saint Michel. L'archange foule aux pieds le dragon sous les espèces d'un homme noir, muni d'une queue de serpent qui se termine en dard, et portant sur son front le *nâman*, le signe procréateur, le symbole de Vishnou, objet de l'exécration des missionnaires. Ainsi ont-ils imposé l'image du christianisme conculquant l'hindouisme dans ce qu'il a de plus hideux. Les chrétiens brûlent devant saint Michel des bougies sans nombre; les brahmanistes ne se font faute de les imiter. Mais leurs dévotions s'adressent au démon qui porte l'insigne de Vishnou. Ainsi s'établit une tolérance réciproque qui s'achemine, peut-être, vers un syncrétisme indo-chrétien tout pratique. La largeur d'esprit d'Ackbar aurait certainement mieux réussi dans l'Inde que le fanatisme sauvage d'Aureng-Zeb, d'Hyder-Ali et de Tippou-Saïb. Mais cette largeur d'esprit devançait son temps. Ce temps fut celui où l'inquisition de Goa envoyait au bûcher les Hindous christianisés, hérétiques de fait, mais inconscients de leur état; celui où un légat du Pape, prétendant obliger les convertis à renoncer aux signes extérieurs du paganisme, amenait, au xviie siècle, 54.000 apostasies parmi les chrétiens; celui où les Portugais dépassaient en fureur iconoclaste les musulmans les plus exaltés; celui même où la femme de Dupleix, fidèle à ses origines lusitaniennes, obtenait de la faiblesse infatuée de son mari la permission de ruiner, à Pondichéry, en 1748, le grand temple de Vishnou Péroumale. Cette action compte parmi les plus impolitiques de Dupleix et aussi les plus blâmables. Car il oublia, ce jour-là,

qu'une des conditions de la cession du territoire faite aux Français avait été leur engagement de respecter le culte hindou. Ces engage-
ments furent consentis deux fois. Dupleix crut
pouvoir s'y soustraire. La haine traditionnelle
dont le poursuivent les Hindous de Pondichéry
est la juste contre-partie de l'affaire. Et même,
pour aller au vrai, ils semblent suivre, dans
les événements actuels, une obscure vengeance.

Bien innocents de toutes ces erreurs qui
trouvent leur justification même dans l'esprit
de leur temps, les religieux sont aujourd'hui
offerts en holocauste par le gouvernement au
monstre électoral dont les mille gueules ne
cessent d'aboyer, autant pour demander des
exécutions que pour solliciter des places. Des
professeurs laïcs ont remplacé les Pères dans
le collège de Pondichéry. Je souhaite que ces
éducateurs à programme libéralement anti-
chrétien s'acquittent de leur œuvre avec la
même science que leurs devanciers. Je souhaite
aussi que les résultats obtenus soient à la hauteur des dépenses que nécessitent ces transfor-
mations...

Excusez mon humeur buissonnière. Une
chose en amenant une autre, comme on dit, on

ne saurait être logique sans user de la digression. Revenons-en à Mariammin ou Mariattale, suivant qu'il vous plaira d'appeler la Grande Déesse des Parias ; elle a pour insigne spécial le trident qui lui servit à combattre le géant Targassourin. Les mouchys la représentent sous les traits d'une belle femme rouge, avec la haute tiare nimbée de flammes, propre aux divinités qu'on se rend favorables par les sacrifices sanglants.

Les Parias tiennent leur déesse pour supérieure à Brahma lui-même. Ils l'honorent par des danses spéciales où l'on avance, portant sur la tête des vases en terre, pleins d'eau, superposés et garnis de feuilles de margousier. Je vous ai déjà dit que les feuilles· de cet arbre apparaissent dans toutes les occasions où l'on veut flatter la déesse. Mariammin règne surtout par la terreur. Vienne une épidémie, on a bien soin de disposer des rameaux du végétal sacré autour des malades. On ne leur permet de se gratter qu'avec ces feuilles. On en jonche leur lit, on en couronne le baldaquin, on en tapisse la maison, son toit et aussi toutes les habitations du voisinage.

En tant que patronne de la variole, Mariammin est adorée par tous les Hindous, voire des plus hautes castes. Mais alors leurs dévotions s'adressent à la tête seule de la divinité. Ceci demande une explication que peut seule donner l'histoire de cette singulière déesse. Je vous la résume brièvement, en suivant la tradition pondichérienne, d'après les notes qu'un poète du lieu, Narayanamayanaï, m'a obligeamment communiquées.

Mariammin, aux origines, était la femme du pénitent Chamadaguini. En elle engendra Vishnou dans son avatar de Parasourama, sa sixième incarnation. La mère du Dieu devint déesse, elle-même. Mais cette condition était soumise à l'observance de la parfaite pureté. Les Dieux, fidèles à leur usage, ne manquèrent point de la tenter. Un jour qu'elle puisait de l'eau dans un étang et que, suivant sa coutume, elle la façonnait en un globe solide pour la porter plus commodément à sa maison, elle vit se refléter à la surface de l'étang des figures de Grandowers qui voltigeaient au-dessus de sa tête. Ces Grandowers sont des sylphes auxquels les dieux ont départi la parfaite beauté, pour égarer les femmes. Mariammin, que sa divinité incomplète ne mettait pas à l'abri du désir, fut aussitôt prise d'amour pour ces génies merveilleux. L'impureté étant ainsi entrée dans son cœur, l'épouse de Chamadaguini perdit le don de solidifier les eaux. Le liquide qu'elle tenait retomba dans l'étang, et elle ne put jamais venir à bout de le recueillir en boule, suivant sa manière ordinaire. Elle dut se servir d'un vase ainsi qu'une simple mortelle.

Le pénitent connut à ce signe que sa compagne avait cessé d'être pure. Dans l'excès de sa colère, il commanda à son fils d'entraîner la coupable vers le lieu du supplice et de lui trancher la tête. Parasourama ne put désobéir à cet ordre. Mais il ne l'eut pas plutôt exécuté, qu'une douleur affreuse l'accabla. Chamadaguini, touché de son désespoir, lui permit alors de ressusciter sa mère, en rejoignant la tête au corps, non sans avoir murmuré à l'oreille de la décapitée une prière souveraine pour ramener la vie.

L'empressement de Parasourama fut tel qu'il commit une fâcheuse méprise, méprise irréparable et que son émotion seule peut faire excuser. Prenant le chef de Mariammin, il l'ajusta au corps d'une Parachi, prostituée qui gisait sur la place après avoir payé ses infamies du dernier supplice. Ainsi cet assemblage monstrueux donna à Mariammin les vertus d'une déesse et les vices d'une femme folle de son corps. Le pénitent s'étant empressé de la chasser de sa maison, elle parcourut le pays en semant les crimes sur son passage. Son pouvoir malfaisant devint tel que les Deverkels, ces demi-dieux qui règnent aux quatre coins du ciel, ne crurent pouvoir l'apaiser qu'en donnant à Mariammin le pouvoir de guérir la variole, et en l'assurant qu'elle serait grandement honorée par le peuple quand séviraient les épidémies.

Les débordements de Mariammin sont figurés en détail sur les bas-reliefs de ses pagodes et de ses chars; je vous en épargne la description. Sa tête est déposée dans le sanctuaire de chacune de ses pagodes. A Virapatnam, ce sanctuaire est, paraît-il, fort ancien. Il représente le chevet d'une croix dont la pagode elle-même, beaucoup plus récente, reproduit la disposition. L'histoire de cette tête, que je n'ai pu voir, car l'entrée du sanctuaire est interdite aux profanes, n'est pas moins miraculeuse que la légende de la Déesse. Trouvé par des Macquois dans les filets qu'ils avaient tendus au fond de la mer, ce chef de pierre fut transporté dans le pagotin primitif, où sa présence s'affirma par quantité de prodiges. Jamais il n'en doit sortir. A côté, on conserve une statue de bois, non moins vénérée. Elle représente le corps de la Parachi. L'image que l'on exhibe sur un char, pendant les cérémonies, est en bronze.

C'est elle que nous voyons s'avancer sur la route. Elle disparaît sous des guirlandes. Un brahme et des Poussaris, prêtres de basse caste, la flanquent et tapent sur des nacaires de cuivre. Jusque sous les chevaux cabrés du quadrige en bois sculpté et peint, la foule s'écrase pour recevoir les fleurs qui ont touché la déesse, et que le brahme lance à poignées. Tous, hommes et femmes, se disputent les pétales, se les arrachent, se les rejettent après les avoir portés à leur front. Le cocher tricéphale qui se dresse à l'avant du char, entre les lions bondissants et les pions de bois doré, sourit de ses trois bouches, de ses six yeux, à la multitude qu'il domine. Les fidèles se bousculent dans leur empressement à tirer sur les cordes, et le véhicule où trône la Mariammin de bronze progresse lentement, secoué au hasard des ornières, tel un vaisseau bercé par la houle.

La fête bruit sous le soleil brûlant, dans des nuages de poussière. Dans cette fourmilière humaine, toutes les castes sont confondues. Les plus jolies Indiennes, dans leurs plus riches atours, sont coudoyées par des mendiants hideux, presque nus. Pandarams vêtus de roux, Dasseris en haillons, Poussaris non moins dépenaillés, toute la racaille des pénitents, des petits sacerdotes mendiants, balafrés de rouge, de blanc ou de traînées de cendres, tourbillonnent côte à côte. Par endroits les têtes rasées roulent, innombrables, à rappeler le moutonnement des vagues de la mer. Des remous s'y forment d'où émerge une voiture traînée par de petits bœufs blancs ou fauves dont les clochettes tintent. Aux fenêtres carrées apparaissent des figures curieuses de femmes, jaunies par le curcuma. Ou bien c'est une charrette voûtée, jonchée de paille, où des filles, cachées sous des voiles de mille couleurs, scintillent comme autant de joyaux, en accompagnant chaque cahot de rires frais ou de cris peureux.

A grand'peine nous nous frayons un passage, quoique la police, en corps, nous devance et nous flanque pour dégager la voie.

— Prenez garde à vos poches! — Tel a été

le premier avertissement du chef de la police
avant de nous laisser pénétrer dans cette foule.
Les voleurs subtils y abondent, malgré la précaution qu'il a prise d'arrêter préventivement
les plus réputés de ces industriels. Je les ai vus,
les bons *çallers*, dignes représentants de cette
vieille caste qui eut jadis l'honneur, paraît-il,
de fournir quelques rois à l'Inde. Ce sont des
filous notoires qui ont passé du territoire anglais
sur le nôtre dans la louable intention de travailler de leurs mains aux fêtes de la Déesse. Ils
se tiennent rangés sous l'auvent du poste et
attendent patiemment la fin de la cérémonie
pour être relâchés et pouvoir retourner à leurs
besognes. Des femmes sont mêlées aux hommes.
Le commissaire me les a exhibées : aimables
personnes, très convenables, elles ont une mine
décente et savent sourire sans montrer les petits
morceaux de verre qu'elles tiennent cachés
entre leurs lèvres et leurs gencives, et dont elles
se servent avec art pour trancher les fils des
colliers.

Mais nous voici à l'entrée de la pagode où
nous sommes salués par l'éléphant quêteur. Il
a été prêté par le temple sacro-saint de Conje-
veram. Saluant de la tête, il s'agenouille à

demi, fait décrire à sa trompe les courbes les plus gracieuses, l'allonge pour saisir les petites pièces d'argent. Il les reconnaît à merveille, néglige la monnaie de billon et proportionne ses génuflexions à l'importance de l'aumône. Si elle lui paraît honnête, il brandit sa proboscide et barrit avec une clameur plus stridente que l'appel d'un cuivre. Les mendiants qui m'assaillent sont une concurrence sérieuse pour l'éléphant. Comment se débarrasser de cette tourbe, plus importune que les essaims de mouches qui s'empressent sur les gâteaux offerts par les fidèles? Ils m'entourent, me harcèlent, me tirent par la manche, ouvrent un concours de plaies hideuses, m'exhibent leurs ulcères en écartant leurs sordides haillons. Une poignée de caches lancée à propos me rend libre pour un instant; j'en profite pour franchir le portique, tandis que les misérables se précipitent, se chamaillent, s'écrasent dans la poussière pour récolter les liards.

Ainsi je puis pénétrer dans la première enceinte. A droite et à gauche du gopura s'élèvent des modestes pagotins de pierre dédiés à diverses divinités. L'inévitable Pouléar est là, avec sa panse obèse, sa tête d'éléphant et son

rat. Un petit édicule est affecté à la vierge
Kanni dont les images sont adorées dans toutes
les campagnes. Le menu peuple, les nomades
tels que les Iroulaires, chasseurs d'abeilles, lui
rendent particulièrement des honneurs. Son
culte est négligé dans les villes. Kanni Gapara-
mésouari est une divinité de catégorie inférieure. C'était une fille Vaïssya, d'une merveilleuse beauté, qui habitait le Kaïlasa, ou Paradis
de Çiva. Un roi, Gandarva, qui la vit, s'en éprit
et la demanda en mariage à son père. Le Vaïssya
repoussa le prétendant, parce que, pour roi
qu'il fût, Gandarva appartenait à une caste sssez
basse. Gandarva se vengea de ce refus, sans
noblesse. Usant de sa malédiction souveraine,
il condamna la vierge Kanni à descendre sur
terre sous les espèces d'une simple mortelle.
Elle y descendit donc comme fille d'un Vaïssya
nommé Consouma Chetty, et fut aussitôt dis-
tinguée et demandée en mariage par le roi du
pays. L'aventure première se répéta, identique.
Consouma Chetty s'opposa à l'union parce que
le roi n'était pas de la même caste que lui. Le
roi ne voulut rien entendre. Alors Consouma
Chetty et tous ses parents s'entassèrent avec
l'innocente Kanni sur un même bûcher, préfé-

rant la mort par le feu au déshonneur d'une telle mésalliance. Ils périrent jusqu'au dernier à l'exception de la belle Kanni qui se mit à danser, tout comme une salamandre, au milieu des flammes, et s'envola vers le ciel, laissant l'injurieux Gandarva avec le seul regret de sa vengeance inutile.

Ainsi, mes amis les brahmes de Villenour me racontent la légende de Kanni, en me passant au cou des guirlandes blanches et roses. Ils consentent, à cause de l'importance du lieu, à desservir la pagode de Virapatnam. Et c'est là une exception à la règle qui veut que Mariammin ait pour officiants des Poussaris de basse caste.

Cependant les pèlerins continuent d'affluer. Ils vont, viennent, apportant des ex-voto ou des offrandes propitiatoires : gâteaux, figurines de bois ou d'argile. Celles-ci attestent la guérison d'un enfant. L'entrée de l'enceinte, où les fidèles se baignent pêle-mêle dans l'étang vascux, est encombrée par la foule des misérables qui semblent chargés de représenter les misères de la terre. Partout s'étalent les difformités les plus affreuses. Tous les cancéreux, les lépreux, les mutilés, les estropiés de l'Inde dravidienne se sont donné rendez-vous dans le lieu saint. Voici un garçon microcéphale qui vagit; sa tête de singe n'est pas plus grosse qu'une grenade, et son corps est celui d'un enfant de quatorze ans. Voilà un paralytique porté à dos d'homme, une femme dont le visage entier a été décharné par un lupus, une fille sans nez, un vieillard dont l'ulcère malin découvre la moitié des côtes. Tel autre est atteint d'un éléphantiasis monstrueux. L'enflure de ses jambes, grosses et rugueuses ainsi que des troncs d'arbres, crevassées, gercées, sanglantes, ne laisse plus distinguer les pieds noyés dans la masse informe. Voilà un père qui est venu de plusieurs lieues en se roulant par terre, avec son enfant malade entre ses bras. Il a accompli son vœu, pénétré dans l'enceinte. Il se prosterne devant le sanctuaire. Essoufflé, efflanqué, dégouttant de sueur, souillé de boue, gris de poudre, il ressemble à une loque qui marcherait. Chacun de ses hoquets creuse sa poitrine maigre dont la peau paraît alors rejoindre sa maigre échine. Ses yeux agrandis par l'extase regardent, sans voir, les pénitents, qui, allongés sur le sol, les bras en croix, à plat ventre, marmonnent autour de lui des prières.

Les odeurs écœurantes de ces pèlerins se confondent avec les parfums âcres ou délicats des résines et des gommes qui crépitent dans les vases de cuivre. Le camphre flambe avec des lueurs vertes sur les feuilles de margousier, sur les plateaux, les trépieds de bronze, et mêle ses vapeurs à celles de mille lampes fumeuses, des lampions accrochés par centaines à des herses. Les relents des huiles rances, des fritures, dominent le tout, même la senteur du sucre qui se carbonise sur des fourneaux où des marchands cuisinent gravement en plein vent, adossés aux frises sculptées du temple. Dès qu'ils ont accompli leurs dévotions, les pèlerins s'empressent d'acheter des victuailles et de s'installer sous les vastes pandals qui les attendent. Là, assis à l'ombre, à même la terre ou sur des nattes, ils mangent, boivent, causent gaiement. N'était l'absence de végétation en la région aride, on dirait que ces familles font une partie de campagne.

Quand je traverse leurs petites assemblées, tous me regardent avec une bienveillante indifférence. Ma vue ne les intéresse en rien, et c'est assez naturel. Tout au plaisir de leur voyage mené à bonne fin, ils festoient, s'ébattent, bavardent à tue-tête. Ou bien ils se livrent à des jeux. Deux manèges de chevaux de bois les attirent particulièrement. C'est à qui y montera, on fait queue à l'entrée. Et, au sommet de chacun des manèges, deux grandes bayadères sculptées, bariolées, luisantes, tournent en sens inverse et entremêlent leur guirlande, tandis que, sous le kiosque, au toit conique et mouvant, les bons Hindous tournent, aux sons de la musique de foire, confortablement assis sur les chaises suspendues qui remplacent les traditionnels chevaux de bois.

Sous des hangars, on sacrifie des coqs à la déesse. Le sol détrempé par le sang forme une boue rougeâtre farcie de plumes. Plus loin, on immole des boucs et des moutons. Couronné d'herbes, ce bétail attend les clients. Dès qu'un dévot a arrêté son choix, payé le prix convenu, le sacrificateur saisit la bête, lui jette de l'eau sur la tête, et fait signe à deux aides. L'un tire sur le licou, l'autre sur les jarrets de derrière, et le sacrificateur tranche si vivement la tête avec sa grande faucille dont il tient le long manche à deux mains, que l'on croirait voir couper une simple corde. Mais comme le cou a été sectionné en son milieu, l'inhibition est in-

complète. Pendant quelques minutes le corps
se roule à terre, secoué de grandes convulsions.
A chaque ruade, des jets de sang noir et vermeil giclent. La rosée hideuse tache les pieds,
les jambes et les vêtements des assistants. Ainsi
suis-je revenu des fêtes de Mariammin portant
les marques des victimes offertes par les pèlerins à la grande déesse de la variole.

Je m'en tiens pour aujourd'hui à son histoire. Ma prochaine lettre vous renseignera sur
la vénérable forteresse de Vellore que j'ai visitée
ces jours derniers.

XIV

VELLORE : La forteresse.

Vellore, 12 août 1901.

... Vellore est la forteresse célèbre entre
toutes celles de l'Inde méridionale pour son bel
appareil et sa conservation. Et pourtant les touristes la négligent, je ne sais trop pourquoi. Le
voyageur ne peut prendre pour excuse à son
indifférence l'éloignement non plus que la difficulté des communications. Le chemin de fer de
Madras a une station dans la ville. En quelques
heures, on s'y trouve transporté. Si l'on part
de Pondichéry le matin, on en est quitte pour
le traditionnel arrêt à Villapouram, arrêt de
plusieurs heures, que coupe un déjeuner fru-

gal et peu coûteux, pris au buffet de la gare.
Puis le train du soir vous mène, de sa petite
allure modeste, franchement indienne, jusque
dans Vellore où l'on trouve un bengalow, un
lit et une table suffisante.

Je vous en parle, d'ailleurs, d'après les
guides, car l'aide collecteur anglais m'a donné
l'hospitalité de la meilleure grâce du monde.
Le gouverneur de Madras, quand je lui rendis
visite à Otakamund, dans les brouillards de
la haute cime de Nilghiris, au mois de juillet,
me recommanda à toutes les autorités de la
Présidence, afin que je fusse bien reçu partout.

Cependant, à me rappeler la manière dont je
fus accueilli dans le Sind, le Bélouchistan et
l'Oman, en 1896, par les fonctionnaires et les
officiers de Sa Majesté, je trouve que la différence éclate aujourd'hui fâcheuse. Les Anglais,
au cours de ce voyage de 1901, ne m'ont mon-
tré aucune amitié. Tous ont été unanimes à me
reprocher l'attitude de la Presse française lors
de la guerre sud-africaine. Ces attaques furent
cruellement ressenties par l'Angleterre. Et tout
étanger que je sois au journalisme, tout parti-
san que je sois de l'Impérialisme, de la domi-

nation du plus courageux, du meilleur, tout admirateur convaincu que je sois de la ténacité et de la solidité britanniques, je ne réussis guère à ramener mes auditeurs anglais. Ou bien je m'attire des compliments dans le genre de celui-là :

— Venez, accourez, messieurs ! Voici un Français qui aime les Anglais !

Enfin, grâce à l'aide-collecteur de Vellore, j'ai pu visiter et la ville et la forteresse. Mais j'ai payé rançon en subissant la lecture d'une élucubration littéraire, pas plus mauvaise qu'une autre, d'ailleurs. L'auteur, mon hôte en personne, qui connaît très bien le français, y exposait les griefs de l'Angleterre contre la France. Il lui reprochait son manque de gentillesse dans une langue archaïque conventionnelle, beaucoup plus voisine du patois qu'employa Balzac dans les *Contes drolatiques* que du jargon de Rabelais. Ne trouvez-vous pas quelque chose de touchant en ce jeune fonctionnaire du « Civil Service » qui se console des ennuis de l'exil par l'étude de notre littérature ancienne et en se livrant à la fabrication de pastiches dont beaucoup de nos lettrés ne récuseraient point la paternité ? Ces Anglais sont véritablement

admirables. Tout en remplissant avec conscience
les devoirs de leur charge, ils se distraient par
des travaux d'esprit, par l'étude qu'ils alternent
avec les sports. Joueurs de polo, de crocket,
de golf, chasseurs, naturalistes, peintres, litté-
rateurs, ils occupent intelligemment leurs loi-
sirs, combattent cette apathie de l'homme oisif
que guettent les quatre fléaux des colonies asiatiques : le jeu, la cohabitation sentimentale
avec une femme indigène, l'alcool ou l'opium !

Assis au pied des petites chaînes qui commencent près de Nellore pour se renfler, se doubler, se réunir au Sud en un massif dont Salem
occupe le pied, Vellore, jadis appelé Vellappedi,
est le chef-lieu du talukia ou circonscription
de Vellore, dans le district du North-Arcat. Il
est exactement situé à quatre-vingt-treize milles
et un quart de Villapouram, au Nord-Ouest, à
une altitude de deux cent trente mètres, et domine la route du Mysore, au sommet d'un
triangle dont la mer constitue la base, avec
Pondichéry et Madras à ses deux angles, et
Genji en son milieu. Aussi Vellore et Genji
furent-ils les deux points que se disputèrent,
de tout temps, les envahisseurs du Carnate. Musulmans, Mahrattes, Européens,

luttent à l'envi jusqu'aux premières années du
XIXᵉ siècle pour la possession de ces forteresses.
Les Anglais sont restés les maîtres, là comme
partout ailleurs. Genji, que je compte revoir
le mois prochain, après vingt années d'absence,
ne montre plus que des ruines. Vellore a perdu
ses fortifications extérieures, et dans sa citadelle, soigneusement conservée, voisinent le
palais d'un rajah interné, les bureaux de l'administration, des casernes à peu près vides, et
cette pagode de Çiva que la beauté de ses
sculptures, sauvées du vandalisme par les Anglais, a depuis longtemps rendue classique.

Des défenses de la ville elle-même, il ne
reste plus rien ; plus rien de cet ensemble im-
posant d'ouvrages qui unissaient le vieux Vellappedi, les pics de l'Est, Murtiz-Ghiri, Gajga-
raoghiri, Sajaraoghiri couronnés tous trois par
des forts, et rejoignaient les rives du Palar.
Vellappedi n'est plus aujourd'hui qu'un fau-
bourg de Vellore, et la ville, très accrue en surface, compte quarante-cinq mille habitants,
hindous brahmanistes pour les trois quarts, le
reste musulmans, descendants des anciens conquérants venus de Golconde et de Bijapour.

Aux premières heures du matin, nous

sommes partis pour visiter la forteresse, en profitant d'une fraîcheur relative, car bien avant midi la réverbération des montagnes dénudées augmentera la chaleur d'un soleil de plomb jusqu'à la rendre insupportable. A pied, nous faisons le tour de l'enceinte, par le glacis, côtoyant les douves larges et profondes, jadis célèbres par les crocodiles qui vivaient dans leurs eaux. La sécheresse qui sévit depuis plusieurs années les a taries à tel point que, par endroits, le fond du fossé n'est qu'un bourbier entrecoupé de flaques où des oiseaux de toutes sortes circulent parmi les joncs. Des petites aigrettes blanches, des poules d'eau, déambulent sur les larges feuilles des nénufars, des guêpiers verts et bleus chassent aux insectes le long des parapets, se poursuivent entre les créneaux où une chouette, perchée sur un merlon, et semblant faire corps avec la pierre grise, sommeille sans s'occuper des éternels rats palmistes qui jouent à cache-cache dans les meurtrières.

De la fausse-braie et de ses tours à mâchicoulis les débris jonchent le fossé. Le rempart et ses tours bastionnées, de meilleure étoffe, ont résisté au temps, mais on y compte plus d'une brèche. La conservation des monuments historiques, l'*Archeological Survey*, a un peu négligé ses devoirs. L'ingénieur du district n'est point passé par là depuis longtemps. Sur mon exclamation désespérée, l'aide collecteur me promet d'en écrire le jour même à qui de droit. Et je me console en pensant que ma visite à Vellore aura été utile à quelque chose. Si cela devait continuer, la fameuse citadelle ne serait bientôt plus qu'un amas de ruines. A l'action du temps, au vandalisme, s'ajoutent les progrès impitoyables de toute cette végétation parasite qui, à la faveur de l'humidité des douves, prospère entre les pierres, les écarte, les renverse, tandis que les phénomènes d'érosion activés par l'ardeur continue de ce soleil de feu, exagérés par la violence intermittente de pluies diluviennes, s'attaquent à la matière elle-même et réduisent en poudre la roche dure. Et c'est pourquoi les monuments de l'Inde tombent et disparaissent avec une si grande rapidité, pourquoi tous sont d'une antiquité si médiocre, quoi qu'en disent les légendes, encore plus modernes qu'eux, d'ailleurs.

Les ruines les plus vénérables de l'Inde dravidienne ne remontent guère au delà du xiv° siècle de notre ère. Il est à peu près certain

que les parties les moins récentes de la forteresse de Vellore datent à peine du xve. Leur
origine est certainement fabuleuse. On l'attribue à un prince de Bahdracalam, sur le Kit-
chna, Bommi-Reddi, qui vivait à la fin du
xiiie siècle. Les traits de ce Bommi, ou de son
fils, se verraient même sur le médaillon sculpté
d'un pilier de la pagode intérieure. La légende
veut encore que Bommi ait obtenu, d'un roi de
la dynastie Chola, la permission de s'établir à
Vellore où il aurait commencé de construire
vers 1295.

Selon une autre tradition, à laquelle je me
rallie volontiers, la citadelle aurait été élevée
par des ingénieurs italiens au service des souverains de Vijianagar, très probablement pendant
la seconde moitié du xve siècle. Il faut compter
aussi avec l'influence des Jésuites qui furent
partout de grands constructeurs et ne refusèrent
leurs conseils à personne quand il s'agissait de
bâtir, comme ils l'ont prouvé dans le Maduré.
Les merlons amygdaloïdes qui couronnent l'enceinte, ne laissant entre eux que d'étroites em-
brasures, d'autres détails encore sont bien dans
la manière des architectes occidentaux qui s'é-
taient inspirés des fortifications de Terre-Sainte.

Quand on voyage dans le Sud de l'Inde ou en Arabie, l'œil est frappé par les similitudes d'aspect que présentent les monuments fortifiés. Ce que je vois à Vellore me rappelle ce que j'ai vu à Mascate, dont la chemise crénelée, que j'ai jadis décrite, fut construite vers 1589 par des Européens.

Il est plus que probable que l'enceinte de Vellore n'est guère plus ancienne et qu'elle a été établie sur les mêmes principes. Il est à peu près certain que le corps même du rempart fait de parpaings de micaschite merveilleusement appareillés, à joints cimentés, est l'œuvre d'ouvriers hindous, du xve siècle, sous une direction occidentale. Il est sûr que le couronnement crénelé a été élevé un peu plus tard, d'après les mêmes principes, puis mutilé et remanié par les musulmans au xviie siècle. Et enfin, les Européens ont dressé le parapet de briques, percé de meurtrières, à l'extrême fin du xviiie siècle.

Ces remaniements successifs n'ont pas été sans entraîner des dégâts, mais les boulets des divers assiégeants en ont occasionné davantage. Plus d'un projectile de pierre est encore logé dans le revêtement. La superbe frise sculptée qui fait le tour de l'enceinte a été dégradée en bien des endroits, et quand on répara les brèches, on remit souvent les sculptures à une place tout autre que celle qu'elles occupaient à l'origine : un éléphant se présente, les quatre pieds en l'air, un taureau est encastré, de travers, à deux mètres au-dessous du cordon, et je ne parle que des défauts les plus apparents. De même des grands masques en bas-relief que portait chaque merlon en son milieu. La plupart ont été martelés et beaucoup gisent au fond du fossé, dans la fange ; d'autres ont été scellés un peu partout, au hasard.

La façade nue, coupée par ce seul cordon de frise, est du plus bel effet. Quel contraste avec tous ces autres monuments où fourmillent les figures animales et humaines, sans un repos, sans un amortissement, comme si le façonnage en bas ou haut relief était la condition de la matière elle-même ! Ici la frise affouillée en broderie réveille la tristesse grave de cette façade nue dont le plein n'est rompu par aucun vide. Ainsi les constructeurs atteignirent à ce maximum de puissance simple, de grandeur véritable dont nous éprouvons l'impression devant les ruines de l'Assyrie et de l'Égypte. Nous trouvons d'ailleurs, entre l'architecture de ces régions et celle de l'Inde dravidienne, des rapports fréquents. Plus d'une occasion s'offrira de vous les signaler quand je vous parlerai de ces pagodes de l'Extrême-Sud que je me flatte de revoir.

Mais le point de vue sur lequel je désire appeler dès maintenant votre attention est cet air de famille qu'on reconnaît à tant de beaux monuments dravidiens et à ceux de la France datant de l'époque des petits Valois. Prenez, par exemple, une photographie de la célèbre forteresse de Tanjore et comparez-la avec cette façade du vieux Louvre qui n'était point terminée vers l'extrême fin du XIVe siècle. La similitude est frappante. Même compensation des masses au point de vue décoratif, même parti architectural, mêmes statues dressées dans des niches que complètent des pilastres et que bordent des plates-bandes verticales. Les proportions des figures, au regard de l'ensemble, sont à peu près les mêmes dans ces deux monuments. La compensation judicieuse, ici des vides et des pleins, là des ornements et des repos, le système des amortissements en hauteur comme en largeur, dénotent une origine commune. A Paris comme à Tanjore, la profusion des éléments décoratifs ne diminue pas la grandeur de l'ensemble, et l'on n'éprouve point cette sensation fatigante de fourmillement que donnent les accumulations de personnages, de bêtes, d'ornements en plein relief, accolés, dispersés, superposés, jetés souvent comme au hasard, sur les corniches et les entablements des gopuras, dans la plupart des pagodes dravidiennes. Et de celles-là, encore, par endroits, la filiation semble s'établir avec les productions italiennes du xv* siècle. Prenez, entre autres, les classiques bas-reliefs de Donatello où des génies enfants courent, entrelaçant leurs bras, dansant, se jouant, sur une frise à compartiments soutenue par des corbeaux qui répondent chacun à deux des colonnes du portique. Comparez ces ensembles et leurs détails avec ceux de telle porte de Tanjore où des bayadères forment rampe à un balcon avec leur bras entrelacés!...

N'était cette obligation purement liturgique qui astreignit toujours les artistes hindous à donner aux divinités des proportions colossales quand elles sont mêlées aux figures simplement humaines, leurs œuvres ne seraient souvent pas inférieures, au moins en harmonie, à celles de leurs inspirateurs occidentaux. On

sait très bien que les Italiens ont travaillé en
Inde dès la fin du xvie siècle, sinon avant, et
cela, non seulement dans le Sud, mais encore
dans le Bengale, plus au Nord même. Le Taj
d'Agra, à défaut d'autre intérêt, présente celui
d'avoir été fabriqué par des marbriers et des
mosaïstes d'Italie. Le nom d'un architecte français ou savoyard, Augustin de Bordeaux, a été
cité par des auteurs qui, pour ne nommer que
Fergusson, sont tenus pour autorités en la matière. Quant à la forteresse de Tanjore, les
dates, un tant soit peu postérieures, sont encore
plus explicites. Elle fut construite par le roi
Vijaga Baghava, le dernier Nayaka de sa dynastie, dans la seconde moitié du xviie siècle, en
un temps où le Mysore était largement ouvert
aux Européens. Les Jésuites y avaient pris
bonne position. Ils ne refusaient ni leurs conseils
ni leurs services aux souverains accueillants.
Ingénieurs, architectes, fondeurs de canons,
imprimeurs, astronomes, ces missionnaires
étaient d'actifs agents de civilisation. Pour les
ouvriers italiens, chercheurs d'aventures qui,
dès le xiiie siècle, avaient pénétré jusqu'auprès
du Khan de Tartarie, le prêtre Jean asiatique,
et façonné pour lui « une fontaine d'orfèvrerie

surmontée d'un ange en argent qui sonnait de la trompette, » ils trouvaient facilement à se faire embaucher par les rajahs des Grandes Indes, avec leurs outils, leurs croquis et leurs recueils de poncifs. J'ai jadis publié des notes sur ces recueils à l'usage des armuriers, qui, dès le XVIᵉ siècle, étaient copiés et surtout dénaturés par les Japonais dont les harnois de guerre n'ont d'ailleurs été, à partir du XVIᵉ siècle, que des répliques médiocres de nos vieilles armures portées sur les galères...

Marquons un temps, et nous en retournons vers Vellore. Cette digression archéologique m'en a tant soit peu éloigné. Aussi bien ne me suis-je attaché à cette forteresse que pour en étudier et le caractère, et l'histoire, et ses rapports avec ses pareilles.

Les figures de la frise de Vellore, par la solidité de leur facture, indiquent la belle époque et certainement la main de ces fameux tailleurs de pierre tanjorais, célèbres depuis plus de quatre siècles dans toute l'Inde du Sud. Le défilé des taureaux, des éléphants, des chevaux, les enlacements compliqués des divinités pouraniques, les scènes rituelles qui illustrent avec une lubrique et magnifique exactitude l'histoire de la déesse Mariammin, le prouvent surabondamment. Nous sommes loin des appliques disproportionnées qui revêtent les gopuras des pagodes aux environs de Pondichéry.

Si les musulmans, quand ils occupèrent Vellore, ne détruisirent pas ces images de pierre grise, c'est qu'ils craignirent, peut-être, en attaquant l'œuvre en surplomb, de tomber dans le fossé où vivaient en paix ces crocodiles fameux « d'une grandeur énorme » dont parlait en 1736 le Révérend Père Saignes à Mme de Sainte-Hyacinthe, dans *Les Lettres édifiantes et curieuses,* et qu'il avait vus de ses yeux. Les gens d'Hyder-Ali ne se firent point faute pourtant de ravager les environs de Vellore. Le souvenir du père de Tippou ne passera non plus que la désolation du désert qu'il créa en brûlant tout sur un rayon de dix milles. Jamais le pays ne s'en est relevé. L'importance considérable de Vellore au point de vue stratégique le condamnait d'ailleurs à un ravage continu. Pendant trois siècles, vainqueurs et vaincus l'ont rançonné, pillé, dévasté, sans merci.

Occupée, le xve siècle durant, par les rois de la dynastie Chola, puis au xvie par ceux de Vijianagar dont le plus illustre fut ce Krishna-

deva Raja qui se tailla dans l'Inde du Sud un
royaume égal en surface à la présidence actuelle
de Madras, la place fut conquise au milieu du
XVIIe siècle, pour les musulmans de Golconde,
par Shadji Rao, commandant du contingent de
Bijapour, et père du célèbre Sivadji. Les princes
de Golconde gardèrent Vellore pendant une
quarantaine d'années, puis ils durent l'abandonner aux Mahrattes de Tukoji Rao, après ce
siège de 1677 où succomba Abdullah Khan.
Mais la domination des Mahrattes fut encore
plus éphémère. Le siècle n'était pas révolu
qu'ils se voyaient chassés du Carnate par un
lieutenant de l'empereur Aureng-Zeb, le soubadar Zulfikar-Khan. Celui-ci nous apparaît
comme un des plus patients hommes de guerre
de la péninsule. Le temps ne compte pas pour
ce soubadar. Pendant sept années, il assiège la
grande place fortifiée de Gengi ; sans se décourager, il maintient son blocus et réussit enfin
à forcer ce lieu qui passait pour imprenable.
Mais son succès demeura incomplet. Pour n'a-
voir pu mettre la main sur l'usurpateur mahratte Radjaram qui s'était enfui de Gengi et
avait réussi à gagner Vellore, Zulfikar-Khan se
vit condamné à continuer la guerre de siège.

Méthodiquement, il investit Vellore et planta ses tentes non loin des douves et de leurs crocodiles, chargés de « fermer le passage aux ennemis ». Grâce aux solides murailles et aux crocodiles, sans doute, le soubadar attendit deux années entières une occasion favorable. Celle-ci se présenta enfin. Le gouverneur de Vellore, Sickoji, offrit aux assiégeants, en composition, une somme de 150.000 pagodes qui fut aussitôt acceptée. Le soubadar se retira avec son or et Rajaram gagna Sattara, y rassembla une armée, pour revenir bientôt mettre en question, dans le Carnate, la suprématie du Mogol de Delhi. Et les Mahrattes pénétrèrent une fois de plus dans l'enceinte de Vellore. Mais la puissance des incorrigibles pillards touchait à son terme. En 1708, le nabab Daoud-Khan, au nom de l'Empereur, les pourchasse, les rabat, les assiège. Vellore tombe entre ses mains après cinq mois d'efforts. C'en est fait de la domination mahratte. Les cavaliers de Pounah ne rentreront plus dans Vellore. En 1710, la ville devient l'apanage de Ghulan-Ali-Khan, frère du nabab Soudah-Oullah-Khan, qui a succédé à Daoud-Khan. Jusqu'en 1763, la descendance de Ghulan jouit de l'apanage, les

Européens font alors leur entrée sur la scène. Grâce aux Anglais qui protègent le nabab Mohammed-Ali, Mortiz-Ali, petit-fils de Ghulan, est évincé de la forteresse familiale.

Ces deux nouveaux personnages valent qu'on s'y arrête. Tous deux ont été nommés nababs du Carnate, non par l'empereur de Dehli qui détient, de principe, le droit d'investiture, mais par les envahisseurs d'Occident. Au profit de ceux-ci vont se canaliser les troubles. Avant que de s'affirmer propriétaires des choses, ils s'assurent dans la position d'arbitre. La valeur morale des deux candidats à la nababie est parfaitement égale. Mohammed-Ali, le nabab nommé des Anglais, a traîtreusement assassiné, avec la tacite complicité du major Lawrence, son rival Chunda-Sahib, victime de l'incapacité de notre général, Law, qui a succombé devant Trichinopoly. Mortiz-Ali, aussi célèbre par ses crimes que par ses richesses est le nabab nommé de Dupleix qui lui a vendu, à haut prix, l'investiture. Cette investiture, Dupleix a acquis du soubab du Deccan, Salabat-Sing, mandataire de l'empereur Ahmed-Shah, le droit de la conférer. S'il a choisi Mortiz-Ali, c'est que Dupleix compte sur ses prochaines levées de troupes pour tenir tête aux Anglais victorieux, et sur ses ressources d'argent pour donner du cœur aux Mahrattes de Morari-Rao et aux Mysoriens de Virana.

Le choix de Dupleix ne fut pas extraordinairement heureux. Si, profitant de notre victoire de Tiruvadi sur les Anglais, Mortiz-Ali défit les troupes de son compétiteur Mohammed-Ali, il se laissa bientôt battre complètement à Tirnamalé, et, voyant notre étoile pâlir, il nous abandonna avec une cauteleuse sagesse. Quand Dupleix fut rappelé en France, Mortiz-Ali s'empressa de faire sa soumission au nabab des Anglais, Mohammed-Ali ; après quoi, il se retira prudemment dans sa forteresse de Vellore et n'en sortit plus.

La place lui était depuis longtemps familière. C'était à Vellore que, sous des habits de femme, il s'était réfugié, treize années plus tôt, lors de la révolte qui suivit la mort de son beau-frère, le nabab Soufder-Ali, assassiné par ses ordres le 2 septembre 1741, et dont il avait usurpé le titre. Vellore lui avait encore donné asile lorsque, après le meurtre du jeune Mohammed-Khan, fils de ce Soufder-Ali, meurtre auquel Mortiz-Ali ne fut rien moins qu'étranger, il

s'était échappé de la cour du soubab avec un
parti de cavalerie.

La réserve que garda le gouverneur de Vellore après le départ de Dupleix ne l'empêcha
pas longtemps d'être molesté par les Anglais.
Comme ils avaient besoin d'argent pour leur
nabab Mohammed-Ali, ils trouvèrent tout naturel de mettre la main sur les trésors de ce
Mortiz-Ali, qui passait pour être l'homme le
plus riche de tout le Carnate. Et, sous le vague
prétexte de tributs arriérés à récupérer, sans
sommation régulière, les autorités de Madras
envoyèrent le major Killpatrick à la tête de
cinq cents Européens et de quinze cents cipayes,
dans la direction de Vellore. Cette armée qui,
avec ses convois et ses non-combattants, devait
bien être de vingt mille âmes, s'établit sous les
murs le dernier jour de janvier 1756, et y
apprit cette nouvelle qu'un gros de troupes
s'approchait et que ses corps s'étendaient de
Genji à la hauteur de Settipettou ou Chetpet.
C'étaient, en effet, sept cents Français et
Suisses accrus d'un nombre double de cipayes,
que M. de Leyrit, gouverneur de Pondichéry,
acheminait vers le refuge de Mortiz-Ali, non
sans avoir averti le gouverneur de Madras qu'il

tiendrait la moindre entreprise contre Vellore pour une infraction au traité de paix.

Les Anglais ne s'engagèrent pas plus avant. Mais ils surent si bien manœuvrer et parlementer qu'ils obtinrent de Mortiz-Ali, trop heureux de s'en tirer à ce prix, quatre cent mille roupies, près d'un million et demi de notre monnaie. Ayant ainsi couvert leurs frais de mise en route, ils retournèrent à Madras sans renoncer à l'espoir d'une entreprise plus profitable. Le nabab honoraire ne s'attendait pas à renvoyer ses formidables ennemis à si bon compte. Et, pour tout dire, sa méfiance se partageait entre ses ennemis et ses amis, d'une manière égale. Malgré les bonnes paroles dont l'honora M. de Leyrit par voie de courrier, Mortiz-Ali se refusa à laisser pénétrer un seul Français dans sa citadelle. Sachant de reste qu'avec les hommes de l'Occident un Hindou n'était jamais sûr de rester maître dans sa maison quand il en avait ouvert la porte, il tint ses battants à bossettes de fer hermétiquement clos et demeura, à l'abri de son mur à frise sculptée, sous la garde de ses crocodiles, nourris avec les criminels qu'on leur jetait de temps à autre.

Mortiz-Ali devait jouir en propriétaire paisible de sa forteresse, pendant sept ans encore. Puis l'inlassable Mohammed-Ali revint à la charge avec ses amis les Anglais. Et, en 1763, Vellore tomba entre leurs mains après un siège de trois mois.

Les Anglais ne lâcheront plus leur proie. En vain Hyder-Ali les assiégera-t-il en 1781, resserrant le blocus jusqu'à réduire la garnison aux pires extrémités de famine. Le 30 septembre de la même année, sir Eyre Coote, vainqueur des Mysoriens à Sholingur, ravitaille la place où le colonel Ross Lang dirige la résistance avec une opiniâtreté stoïque. Le lieutenant Parr, qui commande dans le Sajjaraoghiri, ne déploie pas un moindre héroïsme. Contre ce fort, les officiers français à la solde des Mysoriens usèrent leur talent et leur courage sans parvenir à éteindre ses feux, non plus d'ailleurs que ceux des autres ouvrages de l'enceinte. Et, au mois de janvier de l'année suivante, une expédition partie de Madras jetait un nouveau secours d'hommes et de vivres dans Vellore.

Hyder dut se retirer. Il laissait derrière lui dix milles de plat pays en ruines : villages, arbres, maisons, tout avait été réduit en cendres. Les murailles de Vellore n'avaient point cédé. L'usurpateur mysorien ne survécut que peu à sa malheureuse entreprise. L'importance stratégique du point où échoua sa fortune alla toujours s'augmentant. C'est, en 1791, la place d'armes où le lord Cornwallis réunit son armée pour marcher sur Bengalore qu'il prit au commencement du printemps, tandis que Tippou-Saïb, trompé par une adroite manœuvre, attendait les troupes de la Compagnie des Indes au défilé d'Ambur. Bientôt refoulé dans ses États, puis dépouillé de ses meilleures possessions, le fils d'Hyder-Ali perd le pouvoir et la vie à Séringapatam quelques années après (1799). Et c'est aux murs de Vellore que l'Angleterre se confie pour garder la famille du dernier souverain de Mysore, c'est dans la citadelle qu'ils murent son harem tout entier. Rien ne semblait devoir porter ombrage à la domination anglaise dans l'Inde dravidienne, lorsque l'insurrection qui éclata en 1806 prouva que la paix britannique n'était pas définitivement maîtresse. On aurait convaincu quelques parents du défunt sultan d'avoir fomenté cette révolte. On les a accusés d'avoir agi sous l'insti-

gation d'agents français. L'imputation ne me
paraît pas téméraire. La politique de Napoléon
traquait l'Angleterre aussi bien en Occident
qu'en Inde. Si l'Empereur avait renoncé, mo-
mentanément, à ses plans de 1798, après le
mauvais succès de ses stipendiés ou alliés,
Tippou-Saïb, le Nizam d'Hyderabad, le Scin-
diah de Gwalior, le Holkar d'Indore, il nour-
rissait toujours des plans d'invasion dans
l'Inde du Nord, par le pays Afghan et la Perse.
Il lui convenait en tous cas de créer, d'entretenir l'agitation sur les points les plus opposés
de l'Inde britannique.

Le tumulte de Vellore se rattache sans doute
à cette trame d'intrigues beaucoup plus qu'à
un plan d'insurrection nationale. De tous
temps, l'Inde s'est composée d'éléments trop
disparates pour qu'une action générale y soit
possible. Le morcellement de l'Italie, jusqu'à
l'époque moderne, peut passer pour de la cohé-
sion au prix de cette poussière de peuples
groupés sous la formule géographique qui
porte le nom d'Inde. On a cherché, vers le milieu du dernier siècle, à rattacher la fameuse
révolte dite « des Cipayes » à un dessein longuement mûri par un prince musulman qui

rêvait de rétablir l'ancien empire des Mogols. L'opinion peut à la rigueur se produire, mais non celle qui tendait à nous imposer l'idée d'une Inde ayant conscience de son existence en tant que nation.

La révolte du 8 juillet 1806 eut pour patron, sinon pour chef, le fils cadet de Tippou-Saïb, Futch-Hyder; du moins ce prince fut-il proclamé rajah par les troupes natives qui arborèrent le drapeau du Mysore au sommet de la citadelle.

Comme dans toute insurrection bien organisée, les conjurés avaient choisi les premières heures du matin pour commencer leur entreprise. Surpris à deux heures et demie, au milieu de leur sommeil, les Anglais sans défense furent facilement assassinés. Cent quinze soldats, dix officiers, tombèrent tout d'abord sous les coups de la garde de nuit fournie par le premier régiment des cipayes. Le secret avait été strictement gardé.

Aussi bien la garnison européenne, composée de deux compagnies de ce 69e régiment qui est devenu le second bataillon du régiment de Galles, avait-elle contre elle toutes les forces indigènes, à savoir plus de quinze cents hommes : six compagnies du 1ᵉʳ bataillon du 1ᵉʳ régiment et du 2ᵉ bataillon du 23ᵉ d'infanterie. Dans ce dernier s'était fomentée la révolte. Le 1ᵉʳ régiment était déjà sur le terrain de manœuvres quand les rebelles, ayant enlevé le poste européen, s'y rendirent pour l'embaucher. Ce fut chose facile. Bientôt toute cette masse organisée s'ébranla sous les ordres de ses officiers indigènes, musulmans pour la plupart, et ouvrit le feu contre le casernement anglais. Les soldats occidentaux encore endormis succombèrent, privés de leurs officiers. Ceux-ci, surpris au lit, dans leur logis, furent massacrés avec leur famille. Il en fut cependant qui, plus actifs ou plus heureux, purent se mettre en défense, se grouper et tenir les assaillants en respect, tant il est vrai que des gens résolus, même en petit nombre, peuvent faire tête utilement à une horde d'émeutiers. Autour de ces courageux officiers et fonctionnaires de tous grades se rallièrent les restes de la garnison blanche. Et ils se rallièrent si bien qu'ils repoussèrent les révoltés jusqu'à la grande porte de la citadelle, les empêchèrent de relever le pont volant et abattirent le drapeau du Mysore qui remplaçait celui d'Angleterre.

Cette opiniâtre résistance donna le temps aux secours d'arriver. A neuf heures du matin, le colonel Gillespie entrait dans Vellore avec un escadron du 19ᵉ dragons, parti à franc étrier de son casernement de Ranipet, et commençait de sabrer les cipayes qui, confiants dans leur nombre, essayèrent de faire ferme. Mais ils se débandèrent bientôt sous l'effort du gros des dragons qui avait rejoint. Un renfort, fourni par le 7ᵉ cavalerie native, accentua la déroute. Près de quatre cents mutins périrent dans la citadelle, le reste se rendit à discrétion. La révolte était étouffée; le châtiment fut proportionné à la faute. En pareil cas l'excès de rigueur est ordonné encore plus par la politique qui prêche avant tout par l'exemple, que par l'idée de justice. Les répressions molles encouragent les séditions qui mettent sur le compte de la lâcheté ce qui n'est qu'humanité mal comprise. Tout gouvernement sûr de lui-même se doit d'imposer le respect. Pour l'Oriental, le respect n'est que la forme extérieure de la terreur. N'honorant que la force, il ne la comprend plus quand elle ne s'accompagne pas d'une sanction.

La sanction de la justice anglaise se recommanda par son impitoyable rigueur. Et sans doute ne contribua-t-elle pas peu à établir, cette fois prise pour toutes, la paisible domination où l'Hindou avait peu à perdre et tout à gagner. Tous les chefs du tumulte de Vellore furent, suivant l'usage, attachés à la gueule des canons, et leurs corps volèrent par quartiers devant le front des troupes : supplice théâtral, peu cruel si l'on s'arrête à la nature subite du trépas, et qui est peut-être celui où le condamné sent le moins venir la mort, puisqu'un seul coup disperse sa dépouille charnelle aux quatre vents du ciel. Le 1er et le 23e régiments natifs furent rayés des contrôles de l'armée; et il ne fut plus question de la révolte.

Cet incident, peu important en soi, si l'on considère l'époque, tant aussi il se répète dans l'histoire de toute conquête, porte cependant sa leçon morale. Il prouve, ce que je vous répète depuis des années, que les peuples des colonies sont toujours composés de sujets et jamais de citoyens. Indifférents à la main qui les gouverne, ils sont toujours prêts à reconnaître le maître de l'heure, que celui-ci vienne d'Orient ou d'Occident. Les agitateurs politiques, ambitieux ou intrigants de hasard, n'ont pas à compter sur la multitude, comme en notre malheureux pays, proie de choix pour les marchands d'orviétan et de bonheur social. Seuls, en Inde, les corps militaires leur peuvent servir d'instruments. Sur ceux-ci, les entrepreneurs de révoltes agissent par des moyens très simples. Les mobiles qu'ils créent sont tirés des considérations les plus vulgaires de la vie. Jamais une idée élevée n'est exposée, jamais un objectif moral n'est proposé comme but. La plupart du temps c'est le fanatisme religieux qui fournit le meilleur prétexte. Vous n'en êtes pas à ignorer la fable, grâce à laquelle les cipayes musulmans furent lancés dans la grande insurrection de 1856. On leur donna à croire que leurs cartouches — et ils devaient les déchirer avec leurs dents comme de coutume — avaient été graissées avec du lard. Il suffit d'évoquer l'animal immonde pour que les fusils partissent tout seuls contre les Anglais, inventeurs de cette abomination. Si, par grand hasard, le Nana-Saïb et autres entrepreneurs de cette affaire où la Compagnie des Indes perdit son monopole — et c'est là un des côtés considérables de la question — avaient prêché ces mêmes cipayes au nom du patriotisme hindou, tenez pour certain qu'ils n'auraient pas recruté assez de partisans pour une pauvre et méchante émeute. N'oubliez pas non plus que l'Inde du Nord a été de tous temps célèbre par le mauvais esprit de ses populations, au contraire de l'Inde dravidienne habitée par les plus pacifiques des hommes. C'est pourquoi le Nord a toujours opprimé le Sud.

Le moyen employé par les fauteurs des troubles de Vellore, cinquante années avant la grande révolte des cipayes, rentre dans une catégorie similaire. On raconta aux fusiliers natifs que les nouveautés apportées dans l'équipement allaient contre la religion de leurs pères, qu'ils fussent brahmanistes ou musulmans. Sans compter une forme nouvelle de turban qui déplut, un tournevis nouveau suffit pour amener la révolte. De ce tournevis, pareil en cela aux clefs des anciennes arquebuses dont les ailerons renforcés autour de l'œil carré simulaient les branches d'une croix, la figure était celle de l'emblème du christianisme. Il n'en fallut pas davantage pour que les cipayes de Vellore se crussent à la veille d'être institués chrétiens, par ordre. Les émissaires de la famille de Tippou-Saïb surent jouer de ce tournevis pour le plus grand profit de la cause mysorienne. À un demi-siècle de distance, la cartouche à graisse de porc n'obtint pas un moindre succès. Tant il est vrai que l'histoire est un continuel recommencement...

XV

VELLORE : Le harem de Tippou-Saib.

La forteresse de Vellore est une ville au sein
de la ville et qui a ses avenues, ses boulevards
plantés d'arbres, ses esplanades, ses rues et ses
ruelles, ses bâtiments anglo-indiens de toutes
formes, maisons à jardins, offices du gouvernement, tribunal, anciennes casernes, sans préjudice des monuments anciens et de la pagode.
Et dans cette seconde ville enclose il est encore
une troisième. L'assistant collecteur frappe du
heurtoir rouillé la plaque d'une vieille porte.
Une figure apparaît au guichet dont le battant
s'écarte. Des barres sont tirées, des serrures
grincent, et nous entrons. Nous voici de plain-

pied dans une grande cour carrée. Tout autour
règne un cloître à arcatures de plein cintre
qui soutient l'étage. Face à la porte, un péri-
style à colonnes, mandapam du type dravidien,
précède un vaste corps de logis dont tous les
jours sont aveuglés par des vantaux massifs ou
des persiennes à lames serrées. Nous entrons à
peine, et le troupeau de femmes et d'enfants,
qui musait dans l'enceinte avec les vaches et les
chèvres, se disperse à grands cris, objurgué,
poussé, chassé par des serviteurs. Tout bondit,
trotte, piaille, bêle ou mugit, s'appelle. Des
marmots tout nus tombent, hurlant d'épou-
vante, parmi les poules, les poussins et les
cabris, les chats aussi qui galopent, les chiens
qui grondent et les corneilles qui croassent et
s'envolent. C'est la déroute, la fuite éperdue
d'un harem, dans une ville forcée. Vivement
on se réfugie sous le cloître. A l'abri favorable
d'un pilier on a beau voir sans être vu, on
peut cracher sur la dalle en signe de scandale,
et dévisager, à distance respectueuse, les mépri-
sables intrus d'Occident, coiffés du casque
blanc, et qui ne viennent que pour opprimer,
vexer, inquiéter le maître du lieu, sans égard
pour sa famille. Telles sont, je présume, les

réflexions intimes de ces femmes de caste qui ont fait place nette.

Ces effrayées, dont la peur n'alourdit point les talons, sont, pour la plupart, nues jusqu'à la ceinture, n'ayant que le classique jupon long d'intérieur, remarquable autant par sa coupe évasée que par son large volant épanoui. Les torses de bronze clair, les chevelures de jais, l'argent ou le laiton des bijoux, les soies et les colonnades de tons crus ont lui un instant sous les rayons du soleil qui tapent d'aplomb, puis tout a disparu, jusqu'aux vaches dont j'entends encore les sonnettes tinter.

Et j'ai eu, à ce moment, la vision de l'Inde véritable, de cette Inde qu'on ne voit pas, de cette Inde fermée à l'Européen qui, s'il en a forcé les places et soumis les nations, n'en peut que par surprise entrevoir un pauvre détail. Ainsi, il y a un mois, ai-je aperçu, dans le palais de Calicut, du haut d'une véranda très basse, les princesses et les brahmines se baignant dans le bassin de la cour intérieure, au retour de funérailles. J'ai eu la vue pleine et entière des plus beaux corps du Malabar et du Coorg, dans le cadre de la demeure royale où Vasco de Gama et ses compagnons furent reçus, voici plus de quatre siècles, par le Zamorin en personne. Cette demeure garde dans son enceinte la plus curieuse des pagodes de la contrée, et, pour tout dire, la seule qui ait échappé à la rage iconoclaste d'Hyder-Ali et de Tippou-Saïb. Je doute que le Zamorin ait donné au navigateur portugais le spectacle dont j'ai joui dans son vieux palais. Aussi bien n'ai-je point à me prévaloir d'une indiscrétion où ma curiosité d'artiste et d'observateur peut me tenir lieu d'excuse. Le rajah interné dans le palais de Vellore n'aura pas eu, je pense, à blâmer ses femmes pour s'être exposées, avec une indifférente complaisance, aux regards de l'étranger. Elles nous ont tourné le dos trop vite, et avec un trop parfait ensemble, pour que l'assistant collecteur ait pu, non plus que moi, contempler autre chose que leur chignon oblique, leur échine souple, leurs bras cerclés d'anneaux, et, encore, cela l'espace d'un instant.

Le rajah était absent d'ailleurs... « Pour ses affaires... Un petit voyage... Oh ! très court !... » Et le ministre qui hasardait ces mensonges, au beau milieu de la cour déserte, un petit brahme mal rasé, mal vêtu, et dont la main prompte ramenait sur une poitrine velue son écharpe en

désordre, tournait furtivement la tête du côté
du mandapam pour témoigner de la véracité de
son dire. Mais l'assistant collecteur insistait, et
le « ministre » commençait de faiblir, lorsque
sortit du logis à colonnes un pauvre Hindou
que je reconnus aussitôt pour un mendiant.

La petite monnaie divisionnaire de l'Inde
étant fractionnée jusqu'à moins d'un liard, j'ai
toujours dans ma poche une poignée de
« caches », afin de prouver ma libéralité à bon
compte. Je m'apprêtais donc à gratifier ce malheureux de quelque billon, quand je frémis de
mon erreur. Le Prince se dressait devant nous.
En vérité, il était plus pauvrement accommodé
que le brahme ; ses pagnes, au moins aussi cras-
seux, gardaient une pire ordonnance, et ce
grand de la terre portait sa tête rasée sans coiffure, ce qui est le comble du négligé dans la
toilette pour qui sort de sa maison en cérémonie. Et je pensai à Soupou et aux autres hommes
du monde, honneur de Pondichéry, dont les
bonnets à carre en demi-cercle obliquement in-
cliné devraient être proposés en exemple au
Carnate et au Deccan tout entiers.

Ce que la crapule, la turpitude, la fausseté,
la lâcheté et quelques autres qualités de pareil

ordre peuvent ajouter à la noblesse de l'attitude, concourait à orner ce rajah que le gouvernement britannique garde en chartre privée dans l'ancienne résidence des derniers descendants de Tippou-Saïb. Le colloque, entre l'assistant-collecteur du district et le souverain pensionnaire de la couronne, me parut, à ce que j'en pus saisir par mon trucheman Cheick-Iman, absolument dénué d'amitié. Le nez baissé, le tchatria interné écouta l'allocution du représentant de l'autorité. Puis il nous salua, plus bas qu'il n'était nécessaire, et rentra sous son mandapam, toujours suivi par son « ministre » et quelques dignitaires qui me firent l'effet d'être plutôt ses gardiens.

Ainsi me fut-il donné de voir le type traditionnel du radjpoute abruti par l'ivrognerie et tombé en tutelle du « Civil Service », qui lui ménage moins les réprimandes et les punitions que l'argent. Il y aurait un livre à écrire sur les roitelets besogneux, descendus au plus bas degré de l'abjection, et que l'Angleterre doit prendre en garde jusqu'à ce que l'intempérance et les autres excès les envoient dans le paradis de Çiva, au défaut de celui d'Indra où n'étaient admis que ceux de leurs ancêtres tombés les armes à la main. Vous apprendrai-je que, sous ce nom général de Radjpoutes, vivent encore dans l'Inde du Sud quantité de ces envahisseurs anciens, d'origine plus ou moins indo-scythique, qui appartiennent à cette catégorie clairsemée des Tchatrias ou guerriers, débris de la caste puissante issue des bras de Vishnou, s'il en faut croire le *Purusa-Sukta?* Vishnou, cependant, détruisit ces fils de sa propre substance, sur la prière de Brahma, parce qu'ils exerçaient la plus dure des tyrannies sur le monde. Que l'on s'en rapporte aux Brahmes, et ils se chargent de vous prouver que les Tchatrias historiques ne seraient même que des bâtards issus des femmes survivantes de la caste détruite, passées à la condition de concubines des seuls Brahmes.

Quoi qu'il en soit de cette victoire probable de la théocratie sur la prépotence d'une caste guerrière, les Tchatrias actuels du Carnate, ou soi-disant tels, se parent du nom de radjpoutes, non point qu'ils viennent du Radjpoutana, mais parce que cette région fut, suivant les légendes, le berceau des Tchatrias. Au Malabar, sous le nom de Naïrs, ils continuent de mener leur existence féodale, dans la solitude de leurs vastes propriétés foncières, exerçant sur leur entourage une autorité despotique, et ne perdant rien, avec le temps, de leur férocité altière et de leur orgueil effréné. Quelque jour, souhaitons-le, se lèvera un autre Rudyard Kypling qui nous peindra dans son entière originalité le tableau de cette société naïre du Malabar et du Coorg. Mais cet écrivain de choix devra pénétrer dans des pays inhospitaliers entre tous ceux de l'Inde brahmaniste, où la porte de l'habitation est close pour l'étranger, où les domaines s'entourent de fossés à remblais qui prêtent à chacun d'eux l'aspect d'un camp retranché. Et des armées de serviteurs fanatiques veillent derrière ces levées de terre rouge pour éloigner du maître le contact de l'homme de basse caste, pour lui épargner jusqu'à la vue du paria...

Les radjpoutes du Carnate n'empruntent point des espèces aussi redoutables. Pauvres diables toujours entre deux verres de brandy ou d'arack, ils subsistent le plus souvent grâce aux artifices d'une mendicité noblement exercée dans ces villages où jadis, suivant une rumeur publique à laquelle ils n'opposent aucun démenti, leurs pères régnaient en maîtres incontestés de par la loi de l'épée. L'époque de leur dépossession s'enveloppe toujours dans les nuages des obscurités de l'histoire. Pour ne pas mécontenter le gouvernement anglais qui leur fournit la sportule, ces nécessiteux de race rendent généralement les Musulmans responsables de leur primitive disgrâce. Des petits poèmes, modernes pour la majorité, chantent les prouesses héroïques de ces paladins incertains. Entre ces Tchatrias de hasard, les plus favorisés sont bien ces principicules dont l'Angleterre a pris les possessions, en échange d'une pension. Mais celle-ci, fût-elle portée au décuple, ne suffirait jamais à désaltérer le pensionné qui s'endette, tripote, se lance dans des aventures, ébauche des conspirations où la police fournit les affidés de confiance. Puis, finalement, le radjpoute aux abois s'aplatit et subit l'internement dans une forteresse avec son « Conseil des ministres ».

Encore des portes à bossettes de fer doucement arrondies en seins de femmes, des serrures archaïques de style arabe, des cloîtres, des piliers et des cours. Nous voici dans ces petits bâtiments nus où les femmes de Tippou-Saïb traînèrent leur vie, après la disparition du maître. Une église méthodiste mitoyenne y fut leur unique distraction, et aussi un pied de henné pour se rougir à loisir la paume des mains, les ongles et la plante des pieds. De ce *Lawsonia*, mort et abattu depuis longtemps, un rejet a fourni un autre pied qui végète, et nous pouvons froisser entre nos doigts les feuilles de ce même arbuste où les bégoms et les ranis mysoriennes « jalouses des yeux de leurs gazelles » prenaient leur traditionnelle teinture. M'étant laissé aller jusqu'à m'apitoyer sur le sort de ces recluses dont la plus jeune compterait aujourd'hui plus de cent vingt ans, je m'attirai cette réponse du vieux gardien de ce sérail historique : « Que dis-tu là, Sahib? Si ces femmes n'avaient pas été ainsi enfermées, elles ne se seraient pas crues aimées du maître qui les aurait laissées exposées, après sa mort, aux regards et aux désirs de tous. »

Ces paroles m'ont frappé par leur judicieuse simplicité. Imposer nos préjugés occidentaux à qui n'en a cure est une de ces naïves outrecuidances dont je m'abstiens dans la limite du possible. J'approuvai le gardien *ad honores* de la prison où se flétrirent ces fleurs de jeunesse et de beauté et continuai d'examiner les logettes entourées de hautes murailles, sans une fenêtre, le petit promenoir où les princesses jouissaient de la seule vue du ciel et, le dimanche et les jours fériés, de la voix de l'orgue et des cantiques du temple protestant. Il leur était même loisible d'assister à l'office piétiste « pour se distraire », — toujours d'après le gardien hindou, — par une sorte de guichet qui me fit penser à celui que j'ai vu jadis dans l'église de l'Escurial, où il fut percé à l'usage de Philippe II. Qui vécut, en somme, le plus séparé du monde, du grand roi catholique ou des veuves de Tippou-Saïb?... Je vous laisse libre de trancher la question...

Les bégoms et les ranis dorment maintenant leur éternel sommeil sous les stèles du cimetière princier, à proximité de la citadelle, environ trois cents pas vers l'Ouest. J'ai pensé, un instant, à y faire un petit pèlerinage. Mais comment reconnaître les tombes parmi les quatre cents qui entourent les dix principales? Et, d'ailleurs, on m'apprend que ce cimetière n'est qu'un terrain vague où la basse végétation a tout envahi.

XVI

VELLORE : La pagode de Çiva.

Laissant derrière nous le palais du rajah interné et le harem du « citoyen Tippou », nous nous dirigeons vers la pagode. De celle-ci la bonne conservation est due à la conquête anglaise. Si le colonel Ross-Lang se fût laissé forcer dans Vellore, nul doute qu'Hyder-Ali n'eût détruit ce bijou d'architecture religieuse où l'art dravidien affirme ce principe que la grandeur des lignes ne consiste pas dans l'écrasante majesté de la masse. On croit généralement que les temples indiens sont de proportions énormes. Les photographies courantes ont contribué à vulgariser cette erreur. Les voyageurs, et bien d'autres avec eux, attachent un grand prix aux fortes dimensions. Ceci me rappelle l'ingénuité d'un missionnaire des environs d'Arni. Alors que je parcourais ce district en 1880, me voyant occupé à mesurer les hommes de son village, le bon Père m'en amena un, en triomphe : « Prenez plutôt ce gaillard-là, il est extraordinairement grand! » C'était se faire une idée assez fausse des principes mêmes de la mensuration appliquée à un ensemble de populations. De même que certains naturalistes, ou soi-disant tels, récoltent seulement les plus gros insectes, les plus larges d'entre les papillons, les plus longs parmi les serpents, les plus brillants qu'ils trouvent parmi les oiseaux, et négligent les petits, les sombres, les humbles, beaucoup de touristes ou d'explorateurs, à votre choix, ont rapporté les seules images des édifices qui leur paraissaient dépasser les proportions communes, — ainsi de cette tour qui se dresse au-dessus du Chandikesvaram de Tanjore à une hauteur de soixante-cinq mètres environ, — et ont négligé des perles de l'architecture religieuse telles que le temple de Soubramanyé, etc.

Les Anglais n'ont pas seulement sauvé la pagode de Vellore, ils l'ont conservée dans son intégrité, et cela par un moyen d'une simplicité extrême. Bien avant qu'on eût inventé les « Monuments historiques, » le fameux *Archeological Survey,* ils avaient trouvé la solution la plus pratique pour soustraire les vieilles bâtisses à la dégradation. La pagode du dieu Çiva devint l'Arsenal de la place. A la foule malveillante et brutale des musulmans fanatiques se trouva, du coup, interdit l'accès du temple, où elle aurait vivement martelé ou lapidé les sculptures, en haine du culte idolâtre. Du côté des Hindous, il n'y eut point de réclamations, car depuis la fin du xviᵉ siècle la pagode çivaiste était abandonnée. La tradition attribue cet abandon à un meurtre. Le sang aurait coulé dans l'enceinte, au voisinage du sanctuaire même. La profanation était de celles qu'aucune purification ne peut racheter. Les brahmes se retirèrent et l'édifice resta désert jusqu'à ce que les Anglais, un demi-siècle plus tard, lui vinssent donner un nouvel emploi. Cette tradition est loin de me satisfaire, mais le temps me manque pour en exercer la critique, et, comme j'aurai à vous le répéter plus loin, il semblerait plus plausible d'attribuer la désaffectation de cette pagode à quelque conquête violente où le pillage aurait tenu sa place.

Entre toutes ses congénères de l'Inde dravidienne, la pagode de Vellore est une des plus intactes. Çiva, à qui elle était dédiée, y fut honoré sous le nom de Jalakanteswara, c'est-à-dire « résidant dans l'eau ». Des deux gopuras monumentaux qui surmontent les portes, le principal, celui de la première entrée, dresse à trente mètres de hauteur sa pyramide de sept étages, chargée de sculptures à profusion. La porte massive est défendue par deux grands pions de granit noir qui, sur un socle très bas, montent chacun leur garde avec la massue. Leurs bonnes proportions, la solidité de la facture, la perfection du travail, datent de ces œuvres de la belle époque et dénoncent la main des statuaires de Tanjore. Le poli de la pierre dure n'a pas plus tué les finesses des détails que le caractère de l'ensemble. A peine sommes-nous engagés sous le porche où des abeilles sauvages bourdonnent et couvrent en laborieux essaims leurs gâteaux verticalement suspendus à quinze pieds au-dessus de nos têtes, que la forêt des piliers commence à nous entourer de ses fûts ciselés, repercés, élégis, divisés, et dont

il n'est pas deux qui soient pareils. A droite, à
gauche, courent les vestibules qui mènent à
des péristyles, mandapams dont chacun peut
être comparé avec justesse aux salles hypo-
styles des temples égyptiens. C'est sur une des
colonnes de ce vestibule, qui coupe à angle
droit le porche, que l'on peut voir le médaillon
de ce fameux Bommi-Reddi, tenu, ainsi que je
vous l'ai dit, pour le fondateur de la forteresse
et du temple. Voici le mandapam du Kaliana,
où l'on apportait chaque année, en pompe, le
Çiva tiré du sanctuaire pour son mariage avec
la déesse Parvati. Tout le Panthéon hindou vit
dans la pierre, et les grandes dalles dont est
composé le plafond portent sculptées les per-
ruches chères à la déesse. Elles se suivent en
cercle, avec, entre leurs griffes ou dans leur
bec, la fleur du lotus. Autour de nous, c'est un
monde de dieux et de génies. Les figures, de
proportions toujours faibles, dépassent rarement un mètre en hauteur; toutes ont été
taillées en haut relief dans le pilier même où
elles s'adossent. Chacune en est presque entiè-
rement détachée, ne s'y rattachant souvent que
par les pieds et la pointe de la tiare. Et, comme
si ces sculpteurs de roche dure avaient voulu

jouer avec la difficulté, pour le plaisir, des monstres tenaient entre leurs mâchoires une boule parfaitement ronde qui roulait librement sans qu'on pût la retirer de la gueule où elle se mouvait. La dernière de ces boules a été brisée assez récemment par un de ces visiteurs européens dont le soin principal est de faire œuvre individuelle dans tout endroit qu'ils honorent de leur visite. Érostrate a pris aujourd'hui des mœurs bourgeoises : « Globe Trotter, » selon l'expression usuelle, il collectionne les souvenirs de ses voyages en les détachant des monuments figurés. Qu'il s'empare de l'orteil d'un marbre antique, de la tête d'une statuette, du fleuron d'un ornement, peu lui importe, pourvu que le débris puisse se transporter et surtout se cacher aisément. Quand il sera de retour dans son « home, » le touriste offrira à l'admiration de ses amis le produit de ses voyages.

Un pareil désir ne me tient point devant ces merveilleux piliers. Mais, malgré le soleil brûlant dont les feux passent dans ce granit poli, je me laisse aller à ce plaisir sensuel qui est de caresser de la main la belle sculpture. Les petits guerriers qui soutiennent courageusement, avec leur bouclier tenu plus haut que la tête, le poids des lourds chevaux cabrés dont les oreilles rejoignent les premières volutes des entablements, gardent, malgré l'excessif effort, une expression recueillie et de sérénité souriante. Hélas! combien de ces piétons ont perdu qui son épée, qui un bras, qui les deux, même quand ce ne sont pas les jambes? Heureusement que les gros dégâts sont rares. Aux entre-deux des colonnes jumelles, triples, quadruples, quoique tirées du même bloc, il ne manque pas une maille de leur dentelle de pierre. Aux frises, aux soubassements, on peut compter les dieux, les personnages et les bêtes par centaines. La coquetterie des artistes a été dans ce parti de ne pas répéter une seule fois le même motif de décoration, voire le même motif d'architecture. Dans cette travée où je passe, pas une colonne qui soit semblable à une autre, pas un groupe, pas une statue, pas un animal qui soit une réplique. Tout a un caractère individuel, et pourtant l'anarchique liberté du détail n'enlève rien à la grandeur, à la régularité du tout. Jamais, d'ailleurs, l'art indien n'a chéri les ordonnances symétriques. La symétrie parfaite, de même que le parachèvement absolu d'une œuvre, y est tenue pour la négation de la vie.

Et c'est en vertu de ce principe que les pagodes
ne doivent jamais être terminées. On y doit travailler sans cesse, ou les abandonner. Si, comme
la grande majorité des pagodes dravidiennes,
celle de Vellore eût été construite en épaisses
assises de briques, depuis longtemps il n'en
resterait plus que des ruines où les Djaïnas, qui
collectionnent pour leurs temples les belles
sculptures et les belles colonnes, à l'exemple
des papes de l'ancienne Rome ou des empereurs de Byzance qui en ornaient des églises,
n'auraient rien laissé à y glaner. La nature de
la matière employée explique non seulement
la conservation, mais aussi la légèreté de l'ensemble. S'il s'agissait des plus anciens temples
de l'Inde qui, vous le savez, étaient construits
en bois, on ne trouverait pas à louer davantage
le travail du bédane et du ciseau. Tout, d'ailleurs, indique une disposition de charpentes.
La pierre copie le bois, le parpaing imite la
poutre. Pas de voûtes, pas d'arcades à points
convergents, mais des blocs disposés toujours
par assises étagées en saillies croissantes, avec
des colonnes pour soutiens. C'est là le principe
fondamental de l'architecture dravidienne, et il
se trouve énoncé dans les plus antiques traités,

tels que celui de Ram-Rat, où il est dit que les voûtes à points convergents « ne dorment jamais ». Les têtes des saillies, dans toutes ces assises croissantes, sont si admirablement travaillées en doucines, terminées en poupe de vaisseau, reliées aux encorbellements par des consoles à pendentifs et à culs-de-lampe, que l'on n'éprouve jamais cette impression de sécheresse que donne trop souvent dans nos monuments l'abus des lignes horizontales et verticales, sans amortissements. Et l'on ne sait ce qu'on doit ici le plus admirer, ou de la sveltesse de toutes ces colonnes décomposées, ou du poids énorme des corniches monolithes qu'elles ne cessent de supporter depuis des siècles. De ces corniches, chantournées en courbe circonflexe pour former auvents, le façonnage a été exécuté au ciseau, en plein granit, dans des blocs longs de plusieurs mètres, avec les ornements entablés, les mutules, les gouttes du coupe-larmes et toute la série des monstres constituant le couronnement du chéneau.

Le travail de ces artistes dravidiens n'est pas moins à louer dans les piliers. Ceux du mandapam du Kaliana comptent parmi les merveilles du genre. Les blocs dans lesquels ils sont pris mesurent encore jusqu'à deux mètres de diamètre, et sur chacune de leurs quatre faces. Et parfois, d'un même bloc, sortent quatre colonnes avec leur base, leur chapiteau, leurs colonnettes accessoires et les groupes d'hommes luttant contre les monstres cabrés. Les archéologues anglais, dont l'enthousiasme pour les productions de l'art indien n'a généralement rien d'excessif, ont avoué qu'il n'existe rien, dans les plus beaux monuments de notre Europe, qui leur puisse être comparé. Cette opinion est juste. Il convient, en effet, de ne pas oublier que nos tailleurs de pierre, voire nos sculpteurs, n'ont jamais attaqué qu'une matière facile à l'outil, des roches calcaires, pour tout dire, dont certaines, si vous prenez l'albâtre, pourraient se travailler avec un ciseau de fer doux. Les granits, les gneiss, les micaschistes, les serpentines de l'Inde ne se laissent point ainsi entamer; et ce serait à nos graveurs en pierres fines à nous apprendre comment on traite sur le tour ces substances plus dures que l'acier trempé, et qu'on est, dans la pratique, obligé d'user avec de la poussière de corindon ou de diamant. M. Maspéro nous a renseignés sur les procédés des sculpteurs de l'antique Égypte,

qui « triomphaient des pierres dures à force
d'user du fer sur elles, » et les faussaires modernes qui fabriquent pour les touristes amateurs, à Louxor et à Saqqarah, des scarabées et
des figurines funéraires, ont repris la vieille
méthode, tant il est vrai qu'on ne crée de
bonnes imitations de vieux qu'avec l'outillage
du temps. Les statuaires dravidiens n'ont pas
dû agir autrement.

Mais on renonce à évaluer le nombre
d'hommes, à supputer les mois, les années, à
apprécier le labeur, sans compter l'art et l'argent prodigués dans une pareille entreprise. Si
peu haut prisée que fût la main-d'œuvre, il a
fallu payer les ouvriers, car c'est un lieu commun, pour parler honnêtement, que de décla-
rer avec certains historiens philosophes : « De
pareils travaux ne se mènent à bien que dans
des pays à esclaves. » Michelet et ses parèdres
n'auraient pas autrement exprimé leurs certitudes générales sur tout ce qui leur était inconnu. D'autres nous ont chanté sur divers
tons, touchant surtout la corde humanitaire,
toujours avantageuse pour qui la sait faire vi-
brer en mesure, que ces monuments furent éle-
vés par des corvées de paysans « courbés sous

le fouet d'un despote », et ils nous proposent
en exemple les Juifs qui collaborèrent aux py-
ramides des Pharaons. Permettez-moi de n'en
rien croire. Les enfants d'Israël ne se seraient
point ainsi laissé victimer. Pour aller au pire,
peut-être ont-ils transporté les briques et autres
matériaux à pied d'œuvre, et encore moyennant rémunération. On les paya, suivant les us
et coutumes de la vieille Égypte, où la monnaie
n'avait pas cours, avec des denrées.

Et encore, les conquérants cholas, yadavas,
pandyas, d'autres même dont les noms sont oubliés, auraient-ils obligé tous ces bons Hindous
à travailler pour la gloire, jamais ces pasteurs
de peuples ne les auraient rendus artistes de par
leur royale volonté. Qu'il s'agisse de ciseler la
pierre en observant les canons, de composer
des groupes, de leur donner le mouvement, de
ménager les proportions, de conserver le caractère de l'ensemble, jamais on n'obligera un
homme, eût-il le glaive au-dessus de la tête, à
enfanter à la grosse de tels chefs-d'œuvre. Aussi
bien, sans plus longtemps nous divertir, recon-
naissons que la chose est très simple et ignorée
de personne. C'était affaire d'argent, et l'Inde
du Sud en avait alors plus qu'à sa suffisance, le

fameux arbre aux roupies émettait de vigoureux rameaux. Les rajahs et autres principicules avaient toujours de quoi financer quand il s'agissait de bâtir. Sous la pluie d'or échappée de leurs doigts, la pierre sculptée levait comme les moissons sous les ondées d'été. Alors, ainsi qu'aujourd'hui, l'ouvrier de l'Inde peinait pour un modique salaire. Tout métier est bon qui nourrit son homme, surtout quand cet homme vit avec quelques centimes par jour, et n'est ni électeur ni terrorisé par un syndicat et par des entrepreneurs de grèves. Dans tout bon métier se recrutent facilement apprentis et maîtres. Il n'était pas rare qu'un prince ou que les fabriciens des pagodes missent en mouvement, pour une portion d'édifice, jusqu'à trois et quatre mille ouvriers, et cela pendant cinq et six années. Les merveilles de Vellore, de Madura, de Vijianagar, de Mahavellipore, n'ont pas, à tout prendre, coûté plus cher que notre Opéra ou notre nouvel Hôtel de ville, sans que je songe un seul instant à établir une comparaison entre ces « fabricats » occidentaux et les chefs-d'œuvre de l'architecture dravidienne. Et d'ailleurs les temples précités ont certainement nécessité une moindre dépense, tout en mettant en compte les différences de pouvoir d'argent et dans l'espace et dans le temps.

Ainsi, me livrant à mes réflexions, je m'achemine lentement vers le sanctuaire central. A mesure que nous avançons, le décor de la pierre perd en richesse. Les couloirs n'ont plus ni piliers ouvragés ni bas-reliefs. Voici enfin le vimana, le saint des saints, le sanctuaire!... Une petite loge carrée avec ses quatre murs nus, sans fenêtres, et ne prenant son jour que par la porte étroite et basse, rectangulaire. Au plafond, quatre poutres de bois, les seules de tout ce temple où les voliges, les lambris, les plinthes, les stylobates sont de pierre. Ces poutres parallèles s'alignent pour rappeler les quatre Védas. La chaleur est étouffante et l'obscurité presque complète. Un pion agite sa torche allumée, passe le seuil, je le suis, et c'est sur les dalles une déroute de bêtes immondes, comme si les esprits de la pagode souillée, empruntant les espèces animales, s'enfuyaient à l'approche des étrangers, tels les grands dieux de la Grèce en ce jour funeste où l'Olympe fut envahi et le pouvoir de Jupiter mis en question. Quand les crapauds, les blattes et les grillons ont disparu, ce sont les chauves-souris et les

hiboux qui nous éventent de leurs ailes. Tout ce
monde des ténèbres a pris l'alarme pour bien peu.

Nous nous retirons que leur vol incertain
raye encore en zigzag les tourbillons de fumée
des flambeaux en paille. Ce n'est pas le sanctuaire lui-même, avec ses murs de pierres polies,
d'un irréprochable appareil, son autel carré de
granit où se dressait jadis la statue de Çiva, ses
quatre poutres même, qui sont intéressants,
mais ses entours. Du couloir, que nous avons
dû suivre pour accéder au vimana, les parois
ont été percées de larges fenêtres, sans doute à
l'époque où l'on installa l'Arsenal. Au beau
temps, c'était un long boyau obscur, garni d'une
banquette de pierre, dans toute sa longueur, et
sur cette banquette s'alignaient par rangées les
images des dieux. On m'a raconté qu'entre ces
idoles, de taille moyenne, les moins précieuses
étaient d'argent massif; et beaucoup, d'or pur,
avaient leurs yeux et leurs ornements faits de
pierreries. Je n'oppose rien à ces dires. On
m'a affirmé quelque chose de bien plus extraordinaire, et le témoignage formel d'un agent du
gouvernement anglais ajoute son poids à la
« crédibilité » de l'histoire. Le puits que chacun
peut voir en face du mandapam, à l'angle nord-

ouest du temple, possède une porte qui s'ouvre
à quelques pieds au-dessous du niveau des
basses eaux. Cette porte est close par un battant
monolithe, pierre tournant sur des gonds, et si
parfaitement ajustée dans sa feuillure, que la
pression de l'eau en assure la fermeture hermé-
tique. Il ne s'agit pas là d'un conte des *Mille et
une Nuits*, notez-le. Le secrétaire de l'officier
d'état-major du district, mettant à profit la sécheresse extraordinaire de l'année 1877, où
tous les puits tarirent, descendit dans celui-ci,
trouva la porte qu'il réussit à ouvrir, et pénétra
dans une vaste salle à colonnes. Là semble avoir
pris fin l'exploration de l'aventureux secrétaire.
Il prétendit avoir vu un passage qui devait, probablement, mener jusqu'à la rivière Palar, mais
les choses en restèrent là. En vain je suppliai
l'assistant collecteur de tenter avec moi une
nouvelle descente dans ces sous-sols mystérieux
où la légende veut que les trésors de Çiva soient
déposés sous la garde des Esprits du Mal :
« Profitons, lui dis-je, de la sécheresse exceptionnelle de cette année 1901, supérieure, s'il en
faut croire la rumeur publique, à celle de 1877 !
Allons, des échelles, des cordes et des falots, et
en route pour le mandapam souterrain ! A nous

les trésors de Çiva! » Je ne pus rien obtenir. On ne pouvait entreprendre le plus petit sondage sans l'autorisation et le concours de l'ingénieur du district. Du moment qu'on devait procéder par voie administrative, je compris que l'affaire était enterrée. La bureaucratie anglaise peut, certes, rivaliser avec la nôtre : sa marche lente, lourde et sûre, est celle des éléphants attachés aux parcs d'artillerie, cette comparaison me paraissant la plus décente que je trouve sous ma plume.

En attendant des éclaircissements plus amples sur les souterrains et les couloirs aujourd'hui veufs de leurs images d'orfèvrerie, je demeure convaincu qu'il y a là-dessous quelque histoire de pillage. L'expulsion des brahmes, la mainmise sur les divinités d'or et d'argent, constellées de gemmes, peut-être raisonnablement attribuée aux musulmans de Golconde et de Vijapour, peut être aussi aux Occidentaux qui leur succédèrent après les Mahrattes, et encore ces derniers, quoique hindouistes, ne se sont-ils jamais fait scrupule de dépouiller les pagodes… Je renonce, pour l'heure, à savoir quels furent les spoliateurs de Çiva. Ma consolation, en cette incertitude, est dans l'espoir que j'aurai une fortune meilleure à Genji. Là dorment aussi des trésors sous une pierre en façon de carapace de tortue où sont gravés le bélier d'Agni, l'arc et les cinq flèches de Rama, d'autres signes encore. J'ai repéré la place au mois de décembre 1880. Depuis plus de vingt ans, j'ai gardé mes notes, proposé plusieurs fois au gouvernement de m'envoyer en mission dans ce bon district, sans succès d'ailleurs. Il n'est que de savoir attendre. Après avoir parcouru la Malaisie, pour la seconde fois d'ailleurs, étudié méthodiquement certains points de l'Éthiopie, de l'Arabie et du Sind, touché au Bélouchistan, me voici derechef dans l'Inde dravidienne. Quinze jours encore et je reverrai Genji, commencerai mes fouilles ! Un cinquième seulement de siècle aurait-il changé à ce point les vieilles ruines où courent les Iroulaires, chasseurs d'abeilles, que je n'y retrouverais point mon petit vimana perdu dans la brousse, à mi-hauteur du Rajahghiri, et aussi la pierre qui simule une carapace de tortue, et une autre, continuant l'alignement, où se remarque l'emblème mystérieux de la hache !

Mais, pour aujourd'hui, nous en avons fini avec l'archéologie. L'assistant collecteur m'emmène au tribunal ; là, il doit interroger des coolies qui vont s'engager pour les Bermudes ou quelques autres îles d'Amérique. La famine multiplie les demandes d'engagement. Et je m'aperçois que je ne vous ai pas encore parlé de la famine. C'est là cependant un sujet sur lequel je ne tarirais pas, non plus que sur la misère qu'engendre le fléau du Coromandel. Voici cinq années que toutes les récoltes sèchent sur pied, faute de pluie. Tandis que, il y a un mois, je voyais, dans le Malabar, le pays fondre sous l'eau du ciel, ici tout meurt brûlé par le soleil, et les étangs sont taris. Aussi le peuple des campagnes, chassé par la faim, abandonne-t-il ses tristes pénates. Mieux vaut émigrer aux Antilles ou aux Mascareignes, avec femme et enfants, sous la garantie d'un contrat officiel, que de mourir d'inanition au tournant d'un chemin et d'avoir pour sépulture la panse du chacal. Ce sera donc à la famine et à l'embauchage des coolies émigrants que je consacrerai ma prochaine lettre. Aussi bien je quitterai Vellore aujourd'hui même, et aurai tout le temps de vous écrire pendant le classique arrêt de Villapouram...

TABLE

TABLE

Achevé d'imprimer

le vingt-quatre janvier mil neuf cent sept

PAR

ALPHONSE LEMERRE

6, RUE DES BERGERS, 6

A PARIS

www.ingramcontent.com/pod-product-compliance
Lightning Source LLC
LaVergne TN
LVHW050209030726
842520LV00002B/447